ENCYCLOPÉDIE INDUSTRIELLE ET COMMERCIALE

QUESTIONS DE CHEMINS DE FER
ÉTUDES COMMERCIALES

Les Tarifs de transport sur les grands Réseaux de chemins de fer français depuis l'unification en 1919-1920.
Avec un Appendice sur les transformations récentes de la Tarification allemande

PAR M. RICHARD BLOCH
Ingénieur en Chef des Ponts et Chaussées en retraite
Ingénieur en Chef honoraire de la Cie d'Orléans,
Membre du Comité consultatif des Chemins de fer

SUITE A L'EDITION DE 1921

PARIS
LIBRAIRIE DE L'ENSEIGNEMENT TECHNIQUE
LÉON EYROLLES, ÉDITEUR
3, Rue Thénard
1930

ENCYCLOPÉDIE INDUSTRIELLE ET COMMERCIALE

Fondateur : M. Léon EYROLLES, C. ✱, Ⓘ I.
Ingénieur-Directeur de l'École spéciale des Travaux publics, du Bâtiment et de l'Industrie.

EXTRAIT DU CATALOGUE GÉNÉRAL DE LA LIBRAIRIE DE L'ENSEIGNEMENT TECHNIQUE

ORGANISATION ADMINISTRATIVE ET INDUSTRIELLE

JULHIET. — **Cours de finance et comptabilité dans l'industrie** (*Comptabilité. Banques. Sociétés. Assurances. Bourses*) (6e édition, 526 pages).
Prix : broché. 40 fr.
relié. 46 fr.

JAVOT. — **Cours de comptabilité commerciale appliquée aux Entreprises de Travaux publics** (8e édition, 229 pages).
Prix. 25 fr.

THIBAULT. — **Cours de Douane** (124 pages).
Prix. 15 fr.

RENÉ BRUNET. — **Cours de Transports** (*terrestres, fluviaux et aériens*).
328 pages. Prix. 35 fr.

GEORGIN. — **Cours de Rédaction des Rapports** (15e édition, 347 pages).
Prix. 25 fr.

HOURST. — **Cours de commerce industriel** (4e édition, 430 pages).
Prix. 35 fr.

BÉTON ARMÉ

ESPITALLIER. — **Précis pour le Calcul des ouvrages en béton armé** (3e édition, 246 pages, 112 figures.)
Prix : broché. 26 fr.
relié. 32 fr.

ESPITALLIER. — **Cours de Béton armé.**
LIVRE I. — Procédés généraux de Construction et Calcul des ouvrages (10e édition, 328 pages, 162 figures, 2 planches et annexe instruction ministérielle du 20 octobre 1906.
Prix : broché. 35 fr.
relié. 41 fr.
LIVRE II. — Compléments et applications (10e édition, 448 pages, 228 figures, 2 planches.
Prix : broché. 40 fr.
relié. 46 fr.
Les 2 volumes ensemble : broché. 70 fr.
relié. 82 fr.

RÉSISTANCE DES MATÉRIAUX

LAGÈRE, REGIMBAL. — **Cours de Résistance des Matériaux et de Stabilité des Constructions.** — (Cours de M. MATHIEU entièrement refondu) (9e édition).
LIVRE I. — Résistance des matériaux. Stabilité des constructions : systèmes isostatiques (468 pages, 395 figures).
Prix. 50 fr.
LIVRE II. — Poutres droites hyperstatiques. (381 pages, 299 figures, 5 planches).
Prix. 45 fr.
LIVRE III. — Poutres en arc. Maçonneries en béton armé (368 pages, 236 figures).
Prix. 45 fr.

DEVEDEC. — **Calcul des enveloppes de révolution avec application aux réservoirs en béton armé et métalliques** (88 pages, 34 figures).
Prix. 12 fr.

BAYLE. — **Cours de statique graphique** (3e édition, 164 pages et 120 figures).
Prix. 22 fr.

— **Cours de résistance des matériaux appliquée aux machines** (5e édition, 468 pages, 363 figures).
Prix. 50 fr.

MÉCANIQUE APPLIQUÉE. MACHINES AUTOMOBILE. AVIATION

LOUIS LACOIN. — **Cours de thermodynamique et de théorie des moteurs** (2e édition, 208 pages, 60 figures).
Prix. 25 fr.

— **Construction et réglage des moteurs à explosion** appliqués à l'automobile et à l'aviation (8e édition, 504 pages, 221 figures).
Prix. 35 fr

RIDET. — **Cours d'automobiles.**
LIVRE I. — Moteurs (4e édition, 304 pages).
Prix. 35 fr.
LIVRE II. — Voitures automobiles (4e édition, 248 pages).
Prix. 25 fr.

MARCOTTE. — **Les moteurs d'aéronautique** (264 pages, 116 figures).
Prix. 30 fr.

E. HENRY. — **Cours de locomotives** (358 pages, 14 figures).
Prix. 35 fr.

ÉLECTRICITÉ INDUSTRIELLE

HARDY. — **Cours pratique d'électricité théorique et industrielle.**
LIVRE I. — Notions d'électricité théorique (5e édition, 272 pages, 208 figures).
Prix. 25 fr.
LIVRE II. — Applications générales du courant continu (5e édition, 244 pages, 248 figures).
Prix. 25 fr.
LIVRE III. — Courant alternatif. Applications industrielles. T. S. F. (290 pages, 322 figures).
Prix. 30 fr.

QUESTIONS DE CHEMINS DE FER

ÉTUDES COMMERCIALES

ENCYCLOPÉDIE INDUSTRIELLE ET COMMERCIALE

QUESTIONS DE CHEMINS DE FER

ÉTUDES COMMERCIALES

LES TARIFS DE TRANSPORT SUR LES GRANDS RÉSEAUX DE CHEMINS DE FER FRANÇAIS DEPUIS L'UNIFICATION DES TARIFS EN 1919-1920

Avec un Appendice sur les transformations récentes de la Tarification allemande

Par M. Richard BLOCH

Ingénieur en Chef des Ponts et Chaussées en retraite
Ingénieur en Chef honoraire de la Cie d'Orléans
Membre du Comité consultatif des chemins de fer.

Suite à l'édition de 1921

PARIS
LIBRAIRIE DE L'ENSEIGNEMENT TECHNIQUE
Léon EYROLLES, Éditeur
3, Rue Thénard, 3

1930

LES TARIFS DE TRANSPORT FERROVIAIRES SUR LES RESEAUX FRANÇAIS DEPUIS L'UNIFICATION DES TARIFS EN 1919-1920

Suite à l'édition de 1921.

La Tarification des chemins de fer s'imprègne depuis quelque temps d'idées nouvelles qui aboutissent à d'intéressantes formules.

Considérations générales sur la tarification française.

Pour relier ces faits nouveaux à l'histoire de cette Tarification, telle qu'elle a été présentée dans l'édition de 1921, il semble utile de rappeler ici, sommairement, quelques-uns des traits principaux de cette histoire.

On a montré la formation des tarifs des chemins de fer français basés en principe sur les valeurs des marchandises, celles-ci ayant été réparties, d'une manière approximative, entre six classes ou séries pour l'application d'un tarif général comportant pour chacune de ces séries, un barème de prix dont les bases ou taux kilométriques décroissent avec les distances.

A ce tarif général créé en 1887, étaient venus s'ajouter, en nombre considérable, des prix exceptionnels : prix de gare à gare ou prix fermes, barèmes spéciaux de prix kilométriques locaux ou généraux, dispositions diverses, introduites progressivement pour répondre à des concurrences d'autres moyens de transport : navigation intérieure, cabotage maritime, autres chemins de fer, etc. ou bien pour améliorer les situations spéciales de certains trafics, industriels, agricoles ou commerciaux.

L'application de ces tarifs généraux ou spéciaux était d'ailleurs compliquée à l'extrême par l'intervention de deux conditions particulières écartées à cause de ces complications, par tous les réseaux étrangers.

C'était la clause dite des *gares intermédiaires* qui étendait à toutes les gares d'un parcours, le bénéfice d'une taxe réduite établie entre les gares extrêmes de ce parcours en vue de répondre à des situations économiques existant pour ces gares extrêmes, mais tout à fait étrangères aux gares intermédiaires.

C'était la clause dite de *soudure* qui étendait le bénéfice d'un prix donné à toutes les gares situées à l'extérieur du parcours de ce prix, moyennant l'addition des taxes applicables entre ces gares et le point terminus ou bien les points intermédiaires du prix principal.

Unification des tarifs. De très graves changements ont été apportés aussitôt après la guerre, à l'ensemble de cette Tarification.

Pour permettre aux grands réseaux de chemins de fer de parer au déficit qui se manifestait dans leurs budgets, une loi du 30 mars 1918 avait édicté une majoration générale de 25 % sur l'ensemble de leurs tarifs pour les voyageurs et pour les marchandises de grande et de petite vitesse.

Puis, leurs charges allant croissant, cette majoration de 25 % s'avéra bientôt insuffisante pour couvrir les déficits.

Confiant toutefois dans l'élan des affaires que devaient entraîner et les retards subis par l'ensemble des productions et les réparations de tant de ruines accumulées, on était bien loin d'envisager la série des majorations générales qui devaient dans l'avenir se succéder pour couvrir, malgré les recettes croissantes, les charges qui croissaient plus rapidement encore.

Aussi, pensant que la mesure devrait suffire pour consolider la situation, pour éviter en outre le retour devant le Parlement de la question d'une majoration nouvelle, on imagina d'agir sur les tarifs de base eux-mêmes.

On devrait alors donner au public en compensation des relèvements de ces tarifs de base, l'unification complète, radicale, avec leur extension à l'ensemble des réseaux, de tous les tarifs dont les circonstances locales, les différences entre les politiques commerciales des administrations, avaient entraîné l'excessive diversité.

On supprimerait en outre complètement toutes les dispositions exceptionnelles : barèmes spéciaux, prix fermes de gare à gare, etc. que comportait la Tarification ancienne. En même temps, tomberaient les clauses de gares intermédiaires, de soudures, qu'on avait introduites pour l'application de ces dispositions exceptionnelles, au prix de complications extraordinaires, et sans autres raisons que des raisons théoriques abstraites.

Cette unification radicale était d'ailleurs réclamée depuis longtemps par des doctrinaires qui raisonnaient *in abstracto* sur les tarifs des chemins de fer, sans tenir compte de l'extrême variété des besoins économiques auxquels ces tarifs doivent répondre ; elle était réclamée par des groupements commerciaux qui, mal éclairés sur les origines des prix exceptionnels, les critiquaient surtout quand leurs régions n'en bénéficiaient pas.

On doit reconnaître cependant que, faute d'éliminer les éléments devenus inutiles qui arrivaient à les encombrer, à cause aussi du particularisme et du compartimentage excessifs des réseaux, ces tarifs réclamaient depuis longtemps une révision sérieuse. Dès avant la guerre de 1914/18, cette révision avait été entreprise par l'établissement de barèmes kilométriques spéciaux applicables à l'ensemble ou à des groupes de réseaux ; elle donnait déjà d'appréciables résultats.

Mais les circonstances, le but qu'on se proposait, ne laissaient pas le temps d'attendre ; c'est pourquoi sans plus tarder, prit-on le parti radical de l'unification absolue, en poussant l'application du parti jusqu'à l'abandon de toute l'armature des barèmes de tarifs spéciaux, locaux ou régionaux, des prix fermes de gare à gare, etc., armature qui avait été établie et renforcée progressivement au cours des temps antérieurs, pour protéger le trafic des réseaux contre les concurrences extérieures, pour soutenir ou même faire naître un grand nombre d'industries, de commerces, de productions agricoles.

Ses résultats sur le trafic.

On avait évalué que le remplacement des anciens tarifs par cette Tarification nouvelle pourrait donner une augmentation des recettes qui dans son ensemble ne devrait pas dépasser environ 30 à 40 %.

Mais ce taux ne pouvait être qu'une moyenne très approximative ; dans la pratique, les marchandises taxées aux prix du tarif général non modifié ou à des prix très voisins de celui-ci, ne devaient bien supporter aucun relèvement ou seulement des relèvements de faible importance ; mais les majorations allaient au contraire dépasser souvent et de beaucoup cette moyenne de 30 à 40 % pour les marchandises qui sur certains réseaux bénéficiaient de barèmes exceptionnellement réduits ou de prix fermes de gare à gare plus réduits encore.

D'ailleurs les Tarifications des divers réseaux inspirées des besoins spéciaux de leurs régions ou des idées particulières de leurs administrations, comportaient pour une même marchandise des barèmes de taxes kilométriques souvent très différents. Pour remplacer ces barèmes différents par un nouveau barème commun, on ne pouvait évidemment tabler sur les formules le plus réduites ; contrairement au but qu'on se proposait, on aurait, en effet, mis tous les réseaux en déficit ; il fallait donc opérer avec des barèmes représentant approximativement des moyennes et on arrivait alors pour les plus bas des tarifs anciens à des relèvements supérieurs et souvent bien supérieurs à la moyenne générale.

A un autre point de vue, l'aggravation menaçante de leurs dépenses conduisait les réseaux à orienter cette unification dans le sens le plus favorable à l'économie de leurs exploitations ; d'où l'idée de limiter le plus possible l'application des nouveaux tarifs spéciaux unifiés aux seuls transports par chargements de wagons complets ou d'au moins 10 tonnes.

Or, plusieurs réseaux, pour faciliter les commerces de demi-gros et de détail, appliquaient des tarifs spéciaux réduits aux envois de détail ou aux demi-chargements d'un grand nombre de marchandises ; on peut dès lors imaginer l'importance des augmentations de taxes que devaient supporter ces expéditions payant dorénavant les prix bien plus élevés du tarif général.

Ainsi conçue, cette unification des tarifs paraissait bien faite pour apporter des perturbations profondes dans la situation d'un grand nombre des usagers de la voie ferrée. L'administration supérieure et les réseaux n'hésitèrent pas cependant à en courir le risque.

Peut-être d'aucuns pensèrent-ils que le bouleversement inouï des quatre années d'une pareille guerre ayant suspendu, peut-être même aboli, les situations économiques anciennes, on pouvait dès lors, sans inconvénient, donner une constitution nouvelle à l'ensemble de la Tarification ferroviaire.

Réclamations. Et de fait, ces tarifs unifiés entrés en application en 1919 et 1920, ne soulevèrent aucun émoi apparent chez le plus grand nombre des intéressés ; on était alors dans une période où l'exagération des prix de toutes choses, les bénéfices extraordinaires qu'on réalisait, éloignaient producteurs et intermédiaires de toute idée de discuter de près les éléments de leurs prix de revient.

Mais cette période dura peu et la crise commerciale et industrielle intense qui sévit à partir de 1921 fit aussitôt renaître ces discussions ; des plaintes, des récriminations s'élevèrent contre les nouveaux tarifs unifiés, plaintes et récriminations qu'on n'était pas en peine d'appuyer par des exemples de relèvements excessifs portant souvent sur d'anciens prix fermes, ou même sur des prix désuets qui depuis longtemps auraient dû disparaître de la Tarification et qu'on faisait renaître pour les besoins de ces discussions.

D'ailleurs, en dehors de ces réclamations du public, les premières applications de ces tarifs nouveaux avaient fait constater aux réseaux eux-mêmes, des anomalies, des insuffisances qui appelaient des rectifications.

Des retouches semblaient devoir s'imposer, leur nécessité était d'ailleurs prévue dans l'édition de 1921 des *Questions de Chemins de Fer* en vue de *faire revivre des Tarifications exceptionnelles nécessaires à des industries, à des commerces locaux ou régionaux, pour se développer ou seulement pour subsister.*

Les forces économiques peuvent bien s'effacer dans les périodes de tourmente comme celle de 1914/18 ; mais presque toujours leurs causes profondes subsistent et les font reparaître, dès le calme revenu, en ramenant aussitôt les mêmes nécessités, les mêmes besoins.

Exemple de l'Allemagne. On en avait au surplus un exemple important, celui de l'Allemagne impériale qui, après la guerre de 1870/71, en vue d'arriver à l'amalgame de tous les réseaux petits ou grands du nouvel empire, avait procédé à l'unification de tous leurs tarifs par l'application de barèmes kilométriques généraux uniformes.

Or, aussitôt après cette unification, les tarifs exceptionnels ne tardèrent pas à reparaître et en si grand nombre, que quarante ans plus tard, pour le seul réseau de l'Etat prussien, ces tarifs exceptionnels ne comportaient pas moins de douze volumes avec un total de 4.400 pages.

Il n'en pouvait être autrement en France ; la réaction fut même tellement vive et instantanée que pour aboutir plus vite, pour remettre plus vite les intéressés en bénéfice de ces anciens tarifs exceptionnels tant critiqués autrefois et si regrettés maintenant, nombre de personnes et de groupements commerciaux préconisèrent le rétablissement pur et simple de la Tarification ancienne, avec application de coefficients généraux de majoration calculés de manière à balancer les déficits des réseaux.

Mais un tel retour en arrière était en réalité impossible, car des situations économiques s'étaient aussitôt transformées ou même créées pour s'adapter à la Tarification nouvelle ; d'autre part, ce régime nouveau avait éliminé des défauts de la Tarification ancienne qu'on ne pouvait songer à faire reparaître : C'étaient le compartimentage excessif des réseaux, les complications extrêmes résultant pour le calcul des taxes, des conditions exceptionnelles : gares intermédiaires, et soudures, qu'on ne rencontre dans la Tarification d'aucun autre pays, etc. etc.

Révision des tarifs unifiés.

Dans cette situation, il était de tous points préférable de prendre les tarifs nouveaux comme bases d'une révision et d'apporter dans ces tarifs toutes les améliorations dont l'expérience des premières applications, les premières études des réseaux portant notamment sur les réclamations des usagers, feraient reconnaître l'opportunité et la possibilité.

Cette révision s'imposait d'ailleurs aussi bien dans l'intérêt de ces usagers que dans celui des chemins de fer eux-mêmes, car non seulement la fortune des réseaux dépend en grande partie de celle de leur clientèle ; mais encore leur trafic avait besoin d'être défendu contre les entreprises des concurrences extérieures.

Points de vue à envisager.

Divers points de vue devaient donc être envisagés dans cette révision :

D'abord en ce qui concerne particulièrement les usagers :

La suppression des anciennes Tarifications exceptionnelles avait pu entraîner des gênes pour leur approvisionnement en matières premières et pour l'écoulement de leurs produits.

D'autre part, le relèvement général des prix de transport résultant de l'unification en même temps que des majorations et des impôts avait pu entraîner le retrécissement des zones d'opérations de certains commerces ou industries, d'où un cloisonnement, une dispersion des centres d'industries ou de commerce.

Au point de vue plus spécial des réseaux.

La suppression des prix exceptionnels qui protégeaient leurs trafics contre les concurrences de la navigation intérieure et du cabotage maritime, les majorations générales des prix de transports ferroviaires, avaient surexcité ces concurrences et causé ainsi aux chemins de fer des pertes croissantes sur leurs recettes.

Exemples divers. Des exemples vont préciser ces indications générales :

Sucres raffinés. — D'anciens tarifs spéciaux permettaient aux raffineries parisiennes de sucre de concourir dans une importante mesure à l'approvisionnement des parties méridionales du pays, aux exportations maritimes par le port de Bordeaux. L'unification ayant détruit ces tarifs spéciaux, il est arrivé que la plus importante des sociétés parisiennes a racheté les diverses raffineries bordelaises et construit à Bordeaux une usine considérable, d'où ces résultats, que les autres sociétés parisiennes ont perdu une partie de leurs affaires, que les chemins de fer ont perdu des recettes considérables. Peut-être même ce dédoublement de son industrie si contraire aux idées actuelles de rationalisation, de concentration, n'aura-t-il pas été tout à fait avantageux à la Société qui a construit sa succursale de Bordeaux.

Vinaigre d'Orléans. — La situation est la même : De très anciens tarifs exceptionnels applicables sur le plus grand nombre des réseaux avaient contribué à donner à cette industrie orléanaise son importance devenue mondiale. Tous ces tarifs disparurent instantanément avec l'unification et aussitôt il fut créé partout un nombre considérable de vinaigreries nouvelles qui protestèrent bien entendu et très vivement contre toute idée de restauration de la Tarification ancienne. Tant et si bien qu'après de longues et vaines réclamations, la principale des maisons orléanaises entreprit la construction d'usines succursales en particulier à Paris, construction qui devra rendre moins efficace le prix ferme d'Orléans à Paris dont le rétablissement fut seul accordé finalement après de longues discussions.

Rhums. — Le marché du rhum des Antilles était de longue date établi à Bordeaux ; un tarif exceptionnel facilitait l'approvisionnement de Paris sur ce marché. Ce tarif supprimé, on essaya les transports par la voie maritime et la Seine ; mais il apparut bientôt qu'il était plus simple et plus avantageux de recevoir ces rhums directement au Havre et le marché abandonna en grande partie Bordeaux. Il en a été de même pour les cacaos, les gommes.

Chaux agricoles. — Pour faciliter le chaulage des terres acides du Plateau Central, on avait établi pour ces chaux un barème de prix très réduits dont la formule toute spéciale avait été combinée de manière à faire naître des concurrences entre les usines établies sur le pourtour de la région et à pousser par ces concurrences à la baisse générale des prix de vente.

Ce tarif avait disparu avec l'unification ; sans doute cette disparition n'aura pas été sans inconvénients, car il a été rétabli en 1929.

Saint-Nazaire et Nantes. — Pour un certain nombre de grosses marchandises d'importation : les charbons, les bois, etc., les anciens tarifs spéciaux réduisaient les prix applicables au départ de Saint-Nazaire dans la mesure nécessaire pour établir un certain équilibre entre ce port et celui de Nantes. L'unification ayant fait disparaître ces dispositions spéciales, cet équilibre s'est trouvé ruiné ; le port de Saint-Nazaire a vu une partie de son trafic reportée à Nantes, en même temps du reste que le chemin de fer perdait ces transports sur la ligne qui joint les deux ports.

Moulins de Beauce. — Pour empêcher la ruine des moulins locaux de la Beauce orléanaise sous l'effet de la concurrence croissante des grandes minoteries de la région parisienne, d'anciens tarifs réduits facilitaient l'approvisionnement de ces moulins de Beauce en blés de la région et les transports de leurs farines sur le marché parisien.

Ces tarifs réduits ont disparu avec l'unification ; leur utilité a été, malheureusement démontrée aussitôt par la fermeture de plusieurs de ces moulins. On a dû reconnaître alors, mais un peu tard, la nécessité de reconstituer ces tarifs dans leurs formes primitives.

Bouteilles champenoises. — Les verreries de Champagne et de la Loire approvisionnaient autrefois les caves de vins mousseux de la région de Saumur ; c'était un trafic très important qui a maintenant disparu presque totalement : le relèvement considérable des prix de transport, conséquence de la suppression des prix exceptionnels qui gouvernaient ce trafic, a déterminé l'extension ou la création à Saumur, à Angers, etc., de fabriques produisant ces bouteilles sur place.

Minerais de fer. — Une étude de l'*Information Financière* du 3 septembre 1929 sur une importante Société Métallurgique du Nord, contient le passage suivant qui met en lumière les avantages pour ainsi dire nationaux qui résultaient de ces anciens tarifs exceptionnels.

« Pour ses approvisionnements en minerai, la Société dispose de « minières dans le centre de la France. A un moment donné, en « raison de la cherté des transports (due à la suppression d'un ancien « prix ferme), elle avait avantage, plutôt que de recourir à ces gise- « ments, à faire venir du minerai du dehors qu'elle recevait par « mer. Mais les tarifs des transports furent revisés dans le cou- « rant de 1923 et depuis, les minerais des minières ont à nouveau « constitué la base de l'alimentation des hauts fourneaux ».

On pourrait multiplier ces exemples presque indéfiniment ; tous montrent le haut intérêt qu'avaient ces tarifs exceptionnels, l'étendue des dommages qu'a causés leur destruction. Sans doute on se préoccupe aujourd'hui de les rétablir ; mais on vient de voir qu'en beaucoup de cas, ces restaurations arrivent trop tardivement pour rendre aux réseaux toutes les recettes qu'ils ont perdues.

La dissociation des industries.

En outre de ces cas de tarifs exceptionnels, de ces prix fermes qui agissaient directement sur certains trafics, l'augmentation générale des prix qui est résultée de l'unification en même temps que des majorations générales et de l'impôt, a exercé une influence profonde sur l'Economie Nationale.

Dans l'ancienne Tarification, chaque réseau étudiant de manière approfondie les ressources des régions qu'il desservait avait fini par établir pour les principaux trafics de ces régions, des barèmes kilométriques en quelque sorte régionaux que des études attentives poursuivies de longue main avaient fait régler au mieux des besoins de ces trafics. Mais par l'unification, ces tarifs régionaux si soigneusement adaptés, furent soudainement remplacés par des solutions moyennes applicables sur toute l'étendue du territoire national et cette substitution n'a pas manqué d'apporter le trouble dans un grand nombre de commerces et d'industries ; ce trouble était d'ailleurs aggravé par le relèvement général des prix, lequel augmentant les différences anciennes entre les prix de transports, accentuait plus fortement encore la rupture des équilibres antérieurs.

Ce déséquilibre est devenu une cause nouvelle et plus profonde de la dissociation, de la dispersion des industries et des commerces, du fractionnement des trafics anciens à grandes distances en trafics locaux, au grand détriment des chemins de fer et aussi de l'Economie Nationale.

C'est d'ailleurs une opinion assez répandue que les conditions nouvelles des tarifs de transport ont déterminé une sorte de cloisonnement dans la répartition générale des affaires.

Les dires mêmes de quelques intéressés vont faire en apporter la confirmation.

Dires d'intéressés. A l'Assemblée Générale du 15 avril 1925, de la Société des Grands Moulins de Strasbourg, le Conseil d'administration donnant aux actionnaires les raisons qui l'avaient déterminé à prendre des intérêts dans des moulins du centre de la France, s'exprimait dans les termes suivants :

« *90 % environ des blés indigènes nous viennent des grands* « *centres producteurs des autres régions et sont grevés de frais de* « *transport de 5 à 6 francs par 100 kilogs, qui nous mettent dans* « *une situation d'infériorité vis-à-vis des moulins situés dans les* « *centres de production du blé ou à proximité de ceux-ci...*

« *Cet état de choses s'est encore aggravé dans ces derniers temps* « *par les augmentations des frais de transport et il est de toute nécessité que nous soyions à même d'approvisionner notre clientèle des* « *régions éloignées par d'autres moulins dans lesquels nous avons des* « *intérêts.*

Et plus loin enfin :

« *L'ensemble de la structure économique française et la décentra-* « *lisation nécessitée par l'augmentation des tarifs de transport sont* « *les causes fondamentales de notre expansion dans les autres régions* « *de la France* ».

Autre note semblable dans le rapport présenté le 29 mai 1926 aux actionnaires de l'importance Société des Ciments Français :

« *L'augmentation des tarifs de transport imposant de plus en* « *plus la pratique d'une politique de décentralisation* », et le rapport continue en annonçant la création d'une nouvelle usine.

Une lettre du commencement de 1929 du Syndicat patronal de l'industrie textile d'Elbeuf-Louviers a appelé l'attention des réseaux et du Gouvernement sur la situation difficile de certains industriels de la région lesquels *déjà très éprouvés par les dernières majorations* « *des tarifs de transport, seraient irrémédiablement condamnés à fer-* « *mer leurs établissements, si ces tarifs devaient être l'objet d'une nou-* « *velle majoration* ».

Il s'agissait des apprêteurs et teinturiers de la région d'Elbeuf-Louviers dont la « *réputation séculaire* » attirait les envois des tissus des autres régions pour être apprêtés et renvoyés ensuite à leurs expéditeurs.

Cette lettre signalait la perte déjà totale des clientèles du midi de la France et d'Alsace « *à cause des prix trop onéreux des transports.* »

Pour l'industrie métallurgique, on relève d'intéressantes considérations dans un rapport du 23 décembre 1925 aux actionnaires d'une importance Société du Nord :

« *Autrefois, avant la guerre, on discutait sur le point de savoir* « *si une usine devait être placée sur le minerai ou sur le charbon ;* « *on en arrivait à étudier la question et à voir que les conditions* « *étaient à peu près égales et qu'elles se balançaient. Actuellement la* « *situation se trouve renversée du fait des transports. Il faut, en effet,* « *trois tonnes de minerai pour faire une tonne de fonte, tandis* « *qu'il faut une tonne de coke pour faire la même tonne de fonte.* « *Dans ces conditions, les usines placées sur le minerai gagnent le* « *transport de deux tonnes.* »

Plus récemment, un rapport du 28 juin 1929 aux actionnaires de la société « *L'Air Liquide* » a fait mention de la création en

France seulement, de 32 centres de production d'oxygène et 26 pour l'acétylène dissous.

Une telle dissémination essentiellement contraire aux idées actuelles de concentration, à la réalisation des meilleurs prix de revient, est peut-être due (cela n'est pas dit dans le rapport) aux prix élevés des transports. On est autorisé à le penser d'après l'expérience ancienne d'un tarif spécial établi sur un réseau pour faciliter le développement sur place d'une fabrique d'oxygène et éviter son dédoublement., etc..... etc..... etc.....

Les citations qu'on vient de lire ont été recueillies au hasard de lectures forcément incomplètes; elles se rapportent à des milieux industriels très différents; leur ensemble confirme l'opinion répandue aujourd'hui sur la tendance des industries et des commerces à essaimer, à se disperser. Cette tendance tient d'ailleurs non seulement à l'unification et à la suppression des anciens prix spéciaux, mais aussi à l'augmentation générale des prix de transport des marchandises.

Difficulté de la recherche des cas éventuels de dissociation.

Dans les cas simples où des suppressions d'anciens prix exceptionnels sont surtout en cause, on est en présence de situations concrètes bien définies et les anciens prix spéciaux marquent avec précision le sens des solutions à envisager; mais contre cette tendance générale à la dissociation, il est difficile d'intervenir, car il est à priori difficile de rechercher, de pressentir dans la masse des situations économiques, les cas d'espèce pour lesquels on devrait craindre de telles dispersions.

Ententes avec les intéressés.

En réalité, ces recherches ne peuvent guère être poursuivies sans l'intervention des intéressés eux-mêmes, sans qu'il existe de leur côté, dans l'industrie, dans le commerce, dans l'agriculture, un sentiment général de confiance, de solidarité, qui les porte naturellement à faire part au chemin de fer de leurs difficultés.

Les exemples qu'on vient de citer montrent combien ce sentiment est loin d'être général. On en pourrait cependant trouver qui montreraient tous les avantages tirés de pareilles ententes.

En attendant qu'un avenir encore bien éloigné apporte la véritable solution de ces difficultés, c'est-à-dire une diminution *considé-*

rable, massive des tarifs, les esprits devraient des deux parts s'orienter activement vers cette entente générale, vers cet esprit de solidarité qui permettrait la recherche des situations critiques, et l'étude en commun de solutions pratiques également avantageuses au chemin de fer et à sa clientèle.

Allègement des formalités.

Ce ne sera pas sans doute l'œuvre d'un jour ; pour en faciliter le succès, il serait d'ailleurs nécessaire que du côté des réseaux comme de celui de l'administration supérieure, un effort énergique fût fait pour simplifier, pour abréger surtout les formalités qui retardent actuellement, souvent outre mesure, l'application du plus modeste des tarifs nouveaux.

On peut se rendre compte de la situation, à cet égard, par le simple examen du nombre des étapes que doit franchir toute proposition de changement dans la Tarification. A noter d'ailleurs qu'à bon nombre des échelons de cette filière se placent des enquêtes minutieuses, des rapports souvent très savants, très développés, dont l'établissement a réclamé des délais prolongés.

Examen par le réseau saisi,

Discussion à la commission inter réseaux d'examen des tarifs,

Discussion à la réunion des Directeurs des réseaux

Discussion au comité de direction des réseaux

Proposition officielle et mise à l'enquête

Rapport de l'inspecteur principal du Contrôle administratif.

Rapport et avis du Contrôleur général.

Avis de la Direction générale du Contrôle.

Examen par la Direction générale des chemins de fer au Ministère des Travaux Publics.

Commission (avec rapport) du Comité consultatif.

Discussion (avec rapport) au Comité consultatif.

Commission (avec rapport) au Conseil supérieur des chemins de fer.

Discussion au Conseil supérieur.

Décision ministérielle.

Comment s'étonner que, rebutés par cette longue série d'enquêtes, de discussions souvent vaines, des commerçants, des industriels pour qui « le temps est de l'argent » préfèrent des solutions personnelles plus coûteuses souvent, mais plus sûres et surtout plus expéditives.

Qu'on se rappelle par exemple, la question des vinaigres d'Orléans ; il a fallu six années de réclamations, de discussions, d'enquêtes, pour aboutir finalement à une solution incomplète et trop tardive, car dans l'intervalle, de guerre lasse, le principal intéressé avait pris le parti de construire à Paris même une usine succursale.

CONCURRENCES EXTÉRIEURES

Les développements qui précèdent concernent en grande partie des relations des chemins de fer avec les usagers.

Mais les réseaux ont de plus à se préoccuper et de manière très sérieuse, des concurrences extérieures qui attaquent de plus en plus vivement leurs recettes.

Ces concurrences viennent actuellement :

de la navigation intérieure et du cabotage maritime

des transports automobiles sur routes.

Concurrence de la navigation extérieure.

Parmi les tarifs exceptionnels que l'unification a fait disparaître, un grand nombre étaient des tarifs de défense contre la concurrence de la navigation intérieure et contre celle du cabotage entre ports nationaux.

Ces tarifs contribuaient à maintenir d'importants transports sur les rails des réseaux.

Ces tarifs supprimés, ces concurrences ont eu libre carrière et ont pris un développement dont les statistiques officielles montrent toute l'importance.

Par exemple de 1927 à 1928, l'augmentation des transports de petite vitesse sur l'ensemble des réseaux, mesurée d'après leurs recettes de base, sans majorations ni impôts, ou bien d'après les nombres de wagons chargés, n'a pas atteint 5 % et on peut considérer que ce taux applicable à l'ensemble du réseau donne la mesure du développement de tout le trafic national.

Or, d'après la statistique officielle des voies navigables, la batellerie ayant recouvré tous ses moyens (*), a chargé sur ces voies 41.851.910 tonnes en 1927 et 48.120.590 tonnes en 1928, malgré une

(*) En 1928, le tonnage total chargé sur ces voies, abstraction faite des provenances étrangères, a dépassé de 6.100.000 tonnes (14,5 %) le tonnage de 1913, ou de 646.000 tonnes (1,54 %) si on déduit les tonnages chargés sur le Rhin français.

baisse importante du trafic de la Seine à cause d'une grève prolongée des dockers de Rouen. L'augmentation de 15 °/₀ dépasse le triple de celle des voies ferrées entre les deux mêmes années.

Cette progression s'est encore accentuée en 1929.

Si on laisse de côté les résultats exceptionnels du premier trimestre au cours duquel les froids rigoureux de février et mars ont déterminé des interruptions prolongées de la navigation, dans le deuxième trimestre, le taux de la progression qui avait été de 15 °/₀ en 1928 s'est élevé à 18 °/₀ en 1929, avec des pourcentages particuliers atteignant 19 °/₀ pour les lignes de la Belgique à Paris, 30, 8 °/₀ pour la Seine, 22, 1 °/₀ pour les lignes navigables du Centre, etc. etc.

Tandis que, malgré l'afflux exceptionnel du trafic reporté des voies navigables sur le chemin de fer pendant la période des grands froids, les recettes de base du trafic de petite vitesse pendant le premier semestre de 1929 se sont accrues seulement de 3,04 °/₀ par rapport aux résultats de 1928.

Bien évidemment ces taux si élevés en regard des modestes 5 °/₀ et 3 °/₀ des chemins de fer ne peuvent tenir à une prospérité spéciale des bandes de territoire qui bordent les 6.500 kilomètres des voies navigables principales ; mais ils ne peuvent résulter que de conquêtes faites sur le trafic des voies ferrées, conquêtes facilitées par les relèvements de tarifs résultant à la fois de l'unification et des majorations générales.

Progrès de cette concurrence. On se rend un compte exact des profits que la navigation a tirés de cette situation en considérant sur le tableau suivant les progrès de ses transports au fur et à mesure que croissaient les taxes ferroviaires.

ANNÉES	Indices des prix de transports des marchandises sur les chemins de fer (1)	Tonnages chargés sur les voies navigables. En millions de tonnes.	Augmentations annuelles	%
1925	315	37	—	5.4
1926	468.50	39	2	5.4
1927	468.50	41.9	2.9	7.6
1928	518.50	48.1	6.2	15.

(1) Y compris les majorations et l'impôt.

Ces progrès se traduisent d'ailleurs dans les résultats financiers des entreprises de navigation ; par exemple, pour une des plus importantes compagnies, les bénéfices bruts sont passés de 7,098 millions en 1927 à 9,984 en 1928. Pour ce dernier exercice, le dividende par action de 250 fr. a été de 22 fr. 50 au lieu de 17 fr. 50 en 1927.

Pour une autre Société, le bénéfice est monté de 977.000 fr. en 1927, à 1.524.000 fr. en 1928 et le dividende, de 20 fr. à 30 fr. par action, cela malgré la perte de trafic due à la grève prolongée des dockers de Rouen dans le 3e trimestre de 1928.

Un certain nombre de personnes estiment que, pour régler cette concurrence des chemins de fer et des voies navigables, on devrait attribuer à celles-ci les transports de marchandises pondéreuses.

Mais d'une part, on ferait difficilement ce partage en raison de l'énorme différence entre la longueur du réseau des voies navigables qui suivent seulement un nombre restreint de parcours et celle du réseau ferré qui dessert toute l'étendue du territoire.

D'autre part, la navigation est loin d'accepter ce cantonnement exclusif. Sans doute son matériel de grande capacité se prête spécialement à ces transports de marchandises lourdes en grandes masses ; mais pour ces marchandises, les prix réduits des tarifs ferroviaires ne laissent qu'une marge limitée aux frets de la batellerie. Cette marge est bien plus grande pour les produits de valeurs plus élevées taxées sur les chemins de fer à des prix supérieurs. Aussi de tout temps, a-t-on vu la navigation rechercher avec ardeur celles de ces marchandises qui sont susceptibles d'utiliser ses bateaux : cette ardeur est accrue aujourd'hui par le relèvement considérable des prix de la voie ferrée.

Et cette poursuite donne des résultats d'autant plus sérieux qu'une plus grande régularité dans les services, l'emploi de plus en plus étendu des bateaux à moteur (environ 1400) donne à la navigation pour des relations intéressantes, le moyen d'aborder le trafic de détail, d'offrir des conditions de transports comparables dans une certaine mesure à celles des chemins de fer.

On peut mesurer l'importance des gains ainsi obtenus en comparant pour les années 1924 et 1927 entre lesquelles ont été effectuées les plus lourdes majorations des tarifs ferroviaires, les tonnages chargés sur les voies navigables des marchandises autres que les matières pondéreuses.

NATURES DES PRODUITS	1924	1927	Augmentations.	%
Matières premières de l'Industrie métallurgique. .	1.211.150	2.600.833	1.389.683	114.7
Métaux et machines . . .	326.775	478.747	151.972	47
Produits industriels . . .	1.622.634	2.132.408	509.774	31
Produits agricoles. . . .	3.557.972	3.944.980	387 008	11
Marchandises diverses . .	450.037	511.784	607.117	13

Il n'est pas inutile d'ajouter que parmi les marchandises lourdes, les combustibles minéraux ont eu leur tonnage porté de 12.338.000 tonnes en 1924 à 14.820.000 tonnes en 1927 en augmentation de 2.482.000 tonnes (12, %). L'augmentation a atteint (13, 2 %) par rapport au tonnage de 1913, 13.071.000 tonnes.

De tels prélèvements sur les trafics des chemins de fer étaient bien faits pour émouvoir à la fois les réseaux et le Gouvernement, d'autant plus que ces pertes de recettes au bénéfice des riverains privilégiés des voies navigables, se répercutant dans les majorations générales des tarifs, frappent ainsi tous les transports sur l'ensemble du territoire national.

Cette politique commerciale de la batellerie est d'ailleurs singulièrement facilitée par le privilège excessif de la gratuité de sa voie au point de vue des dépenses d'établissement, d'entretien, d'amélioration, d'exploitation, ne laissant à la charge de ses usagers que les frais de conduite et de traction. Au lieu que les usagers des chemins de fer ont en définitive à supporter intégralement non seulement les diverses charges de leur voie, mais encore celles d'impôts très lourds et de services publics effectués à titre gratuit ou aux prix de tarifs insuffisants.

Recommandations des Pouvoirs Publics. Aussi les réseaux ont-il répondu aussitôt aux exhortations de deux ministres successifs des Travaux Publics qui, parlant aux Chambres, ont recommandé, au lieu de l'ancienne méthode de tarification qualifiée par eux de rigide, mathématique, une méthode nouvelle, méthode commerciale plus souple, permettant des tarifs variables qui, même a-t-il été dit, s'ils comportent un certain arbitraire, auraient un meilleur rendement.

Formules nouvelles pour les tarifs des chemins de fer.

De nombreux tarifs spéciaux virent alors le jour, ayant pour objet soit de reprendre des transports enlevés à la voie ferrée, soit de préserver des trafics menacés, soit aussi de donner des concours nécessaires à certaines industries nationales.

Conformément aux invitations ministérielles, ces tarifs ont été conçus souvent avec des formules commerciales nouvelles qui répondent au double souci d'accroître leur efficacité en même temps que de ménager les recettes acquises.

Tels par exemple, des tarifs dits *d'abonnement* qui règlent les taux des réductions de prix d'après les tonnages annuels et les font croître de manière à stimuler ainsi l'augmentation du trafic.

Dans ces tarifs, le tonnage annuel minimum varie naturellement avec la nature des marchandises et l'importance de leurs transports. Les 190.000 tonnes exigées pour la première application de leur tarif exceptionnel aux combustibles minéraux expédiés du Havre et de Rouen sur la région parisienne ne peuvent évidemment convenir pour le trafic du phosphure de fer de Vallorbe à Dunkerque, trafic pour lequel ce minimum n'est que de 1.500 tonnes.

Voici, à titre de renseignements, quelques formules de ces tarifs d'abonnements.

I. — Pétroles bruts de Dunkerque à Corbehem (Cie du Nord).
Tonnage minimum 125.000 tonnes.

Pour la fraction du tonnage entre	125.000 et 135.000 tonnes,	réduction	25 %
—	—	—	— 135.000 et 145.000	—	—	30 %
—	—	—	— 145.000 et 155.000	—	—	35 %
—	—	supérieure à	155.000	—	—	40 %

II. — Huiles lourdes de graissage, etc., expéditions de Corbehem (Cie du Nord).

Tonnage minimum 20.000 tonnes.

Pour la partie du tonnage entre	20.000 et 22.000 tonnes,	Réduction	20 %
—	—	—	— 22.000 et 25.000	—	—	25 %
—	—	supérieure à	25.000	—	—	35 %

III. — Tuyaux en terre cuite sur diverses lignes (Cie de l'Est). Tonnage minimun 4.000 tonnes.

Fraction du tonnage entre	4.000 et	10.000 tonnes,	Réduction	40 %
— — supérieure	à	10.000 —	—	50 %

IV. — Mélasses du Havre sur la région parisienne (chemins de fer de l'Etat).

Réduction de 5 % pour la partie du tonnage excédant 10.000 tonnes

etc... etc...

La règle normale des tarifs voudrait que ces tonnages fussent le fait d'un seul expéditeur ; mais souvent les tonnages prescrits dépassant la capacité d'un tel expéditeur unique, les réseaux ont résolu cette difficulté en faisant intervenir des groupements d'expéditeurs patronnés par exemple par les Offices de transports de la région (pavés de l'Etat, du P. O. sur la région parisienne) ou agréés simplement par les réseaux participants (pavés de Bretagne, Etat et P. O.) etc., etc... etc..

D'ailleurs, comme il a été dit, ces tarifs nouveaux, en particulier ces tarifs d'abonnement, ne visent pas seulement la concurrence à la navigation ; mais il en est qui ont pour objet de soutenir des industries nationales, de faciliter la concurrence de produits indigènes contre des produits étrangers.

Tels, par exemple, des tarifs d'abonnement pour le transport de Vallorbe à Dunkerque de phosphure d'hydrogène pour l'exportation, pour les transports des combustibles minéraux sur les usines d'azote synthétique, etc... etc...

Cette formule des tarifs d'abonnement si propice au développement du trafic, tout en permettant la diminution des sacrifices, est capable aussi d'apporter les solutions de problèmes depuis longtemps posés devant les chemins de fer.

Par exemple, il existe un trafic considérable et sans cesse grandissant, de produits précieux et surtout de papiers valeurs, trafic qui ne donne cependant aux réseaux que des recettes relativement minimes. C'est qu'en raison des prix très élevés de leurs tarifs, on trouve avantage à assurer les risques du transport en s'adressant à des compagnies d'assurances spéciales qui s'enrichissent des recettes ainsi abandonnées par le chemin de fer.

Un abaissement pur et simple des prix du tarif a toujours rencontré l'objection sérieuse de fraudes possibles de la part de certains expéditeurs. Peut-être aujourd'hui, pourrait-on reprendre la question avec un tarif d'abonnement combiné de manière à en limiter l'application à des transports réguliers et à des professionnels bien définis présentant les garanties nécessaires.

Discussions sur ces tarifs exceptionnels.

Il va sans dire que cette campagne de tarifs exceptionnels a soulevé de la part de la navigation intérieure les plus vives réclamations, réclamations qui généralement n'ont pas empêché l'homologation des propositions des réseaux ; même, à cause des améliorations réalisées dans les transports par eau, on a été amené à revenir sur l'écart de 20 % qu'on observait autrefois entre les prix des deux voies.

Règle bien extraordinaire d'ailleurs, si on considère la variabilité souvent extrême des prix de la navigation en regard de la fixité des taxes ferroviaires.

Par exemple, dans le deuxième semestre de 1926, malgré la stabilisation du franc, il a été curieux de voir le cours des frets des charbons entre Lens et Paris monter cependant de 30 f. le 2 juillet, à 32 f. le 22 octobre, 49 f. le 26 novembre ; du 10 au 28 octobre 1929, ce prix du fret serait passé de 32 à 45 francs. Ces prix sont résultés naturellement des conditions de l'offre et de la demande, mais auquel d'entre eux devrait-on appliquer l'écart de 20 % ?

Péages sur les voies navigables.

Une observation des plus importantes s'impose enfin dans cette question de la concurrence entre les deux voies d'eau et de fer.

Pour reprendre son trafic perdu ou défendre ses transports menacés, le chemin de fer est contraint aujourd'hui à faire sur ses prix des sacrifices tout à fait inutiles au point de vue de l'intérêt national et qui seraient même préjudiciables à cet intérêt, car ils sont susceptibles de répercussions sur les majorations générales et par là sur l'ensemble des usagers.

Il est arrivé ainsi que pour retenir contre des offres de la batellerie, les transports d'eaux minérales des Vosges, à destination de Paris, il a fallu sacrifier 350.000 fr. environ sur les recettes annuelles, sans qu'il en résultât la plus petite parcelle d'avantage pour l'intérêt général.

Ne vaudrait-il pas mieux dans ces conditions, prévenir le mal plutôt que d'attendre ses effets, plutôt que d'appliquer après coup des remèdes entraînant des sacrifices préjudiciables à la fois aux réseaux et à la collectivité ?

Pour modérer ces interventions de la navigation intérieure, il suffirait d'appliquer à tous ses transports des taxes de péage croissant avec le rang de la marchandise dans la classification des chemins de fer, hormis, si on le juge opportun, aux marchandises lourdes classées dans la sixième série de cette classification.

Exemple de l'Allemagne. Quand on parle des voies navigables, il est d'usage constant de citer l'exemple de l'Allemagne ; or, il est intéressant de constater que de telles taxes de péage existent dans ce pays. D'après le Handels Zeitung du 7 septembre 1928, ces taxes auraient même été relevées de 11 % à partir du 1er octobre 1928, comme sur les chemins de fer.

Récemment, la nouvelle compagnie des chemins de fer du Reich, consciente des nécessités de son exploitation commerciale, a protesté contre des projets de voies navigables nouvelles en exposant dans un mémoire adressé à tous les membres du Reischtag que ses moyens d'action lui permettraient d'assurer le trafic éventuel de ces canaux sans charge nouvelle pour l'Economie nationale.

Ce qui évoque pour la France le souvenir bien lointain de M. Noblemaire, alors directeur de la compagnie P. L. M., lequel, au sujet d'un projet de canal latéral au Rhône, aurait fait observer qu'avec une dépense bien inférieure, celle du remboursement à sa compagnie des frais d'établissement, c'est-à-dire du péage de sa ligne parallèle au Rhône, on réaliserait immédiatement sur cette ligne un régime bien plus étendu de prix plus réduits que ceux de la voie navigable éventuelle.

Concurrences des transports automobiles. La concurrence croissante de l'automobile, grandement facilitée aussi par l'usage gratuit de sa voie, est venue créer au chemin de fer de nouvelles difficultés. Pour limiter les pertes sensibles que cette concurrence lui inflige, il lui faut aujourd'hui recherché des combinaisons variées à opposer aux formes multiples de cette concurrence.

Car celle-ci agit à peu près sur toutes les parties du trafic : voyageurs, marchandises de grande et de petite vitesse, même le bétail ; ses transports s'étendent des produits pondéreux en masses aux envois du plus petit détail.

Voyageurs. *Pour les voyageurs* dont il va d'abord être question, le chemin de fer rencontre d'une part les voitures individuelles, de l'autre les voitures collectives : les autobus, les cars.

Pour les voitures individuelles, la lutte de concurrence est pour ainsi dire impossible, moins peut-être à cause de l'économie très douteuse que leur emploi procure à leurs propriétaires, qu'à cause de l'agrément, des commodités que procure cet emploi ; et puis, cette concurrence de la voiture individuelle se rencontre partout, est partout presque insaisissable.

On peut se faire une idée très approximative, bien entendu, de l'importance qu'elle présente par rapport au trafic général des voyageurs sur le chemin de fer :

On compte actuellement en France à peu près 700.000 voitures automobiles individuelles ; si on suppose une moyenne de trois personnes intéressées à chaque voiture, on trouve à peu près 2 millions de personnes détachées en principe du rail, soit 4 à 5 % de la population totale dont la plus grande partie, 40 millions de Français, restent alors clients exclusifs des chemins de fer.

Cette proportion, 4 à 5 %, bien que relativement faible, mérite assurément considération ; mais il est des compensations :

D'une part, cet abandon du rail par les propriétaires d'automobiles est loin d'être absolu ; habitués avec leurs voitures à multiplier leurs déplacements, ils rencontrent cependant bien des circonstances qui les obligent à recourir au chemin de fer. D'autre part, dans un compte général de la situation, il faudrait bien faire entrer les transports considérables que donne l'industrie nouvelle des garages pour ses personnels et ses matériels, pour les pièces de rechange, pour les voitures elles-mêmes avariées ou réparées, pour les carburants, les huiles de graissage, etc. etc. ; il faudrait encore tenir grand compte de l'impulsion que cette circulation automobile donne au tourisme général.

On est ainsi amené à penser que les chemins de fer n'ont pas, tant s'en faut, que des pertes à envisager du fait de la concurrence de l'automobile individuelle.

Quoiqu'il en soit, c'est sans doute à cause de la difficulté d'agir sur cette concurrence insaisissable, que les réseaux se sont bornés jusqu'ici à faciliter les transports de voitures accompagnant leurs voyageurs sur des parcours donnés, en appliquant des prix réduits aux transports de ces voitures, en inscrivant les chauffeurs parmi les serviteurs susceptibles d'être compris sur les billets de famille.

Pour les voyageurs de commerce, la question d'agrément disparaît devant celle de la dépense ; pour retenir au rail cette importante clientèle, les réseaux ont étendu les facultés d'admission dans les trains de vitesse de ces voyageurs munis de leurs cartes d'abonnement à des prix réduits de 50 % ; des diminutions de tarifs sont en outre appliqués aux transports de leurs échantillons comme bagages.

Voyages collectifs. *Pour les transports collectifs de voyageurs,* les réseaux avaient depuis longtemps donné l'exemple avec leurs services touristiques dont les cars ont rencontré un si grand succès.

Contre la concurrence nouvelle, ils ont multiplié ces services de tourisme qui couvrent actuellement presque tous les parcours intéressants et ont ainsi arrêté ou limité la venue de la concurrence sur ces parcours.

Puis récemment, ils ont créé soit directement, soit plutôt avec le concours de sociétés filiales auxiliaires, des services réguliers de liaison entre des localités dont les relations par fer étaient rendues difficiles par des changements de lignes, des correspondances défectueuses, des horaires défavorables, etc.

Ces services de liaison se développent aujourd'hui dans une large mesure ; on peut à titre d'exemples citer les suivants :

Nord: Arras-Saint-Quentin ; Saint-Quentin-Soissons, Beauvais-Rouen, Lille-Carvin et Lens, etc.

P. L. M. : Valence-Vals-les-Bains, Annecy-Saint-Julien, Cavaillon-Avignon, etc. etc.

Midi : Quillan-Foix, Villemur-Toulouse etc.

P. O. : Poitiers-Limoges, Carmaux-Vindrac, Chinon-Saint-Maure, etc.

Etat: Etretat-Dieppe et le Havre, Evreux-Rouen, Caen-Rennes, Chartres-Saint-Arnoult et Versailles, Beaupréau-Angers, etc.

Pour toutes ces relations difficiles avec l'emploi unique des voies ferrées, ces services automobiles apportent des améliorations capables d'avoir sur le trafic des effets intéressants. Mais il est juste d'en faire remonter le mérite à la concurrence automobile.

Tarifs spéciaux pour les voyageurs.

En outre de ces mesures dirigées directement contre cette concurrence, les réseaux se préoccupent de s'attacher ou de retenir l'ensemble des voyageurs par l'extension des facilités données pour leurs déplacements.

On a vu entre autres :

La création de cartes d'abonnement à demi-tarif pour des périodes réduites.

La création de billets d'aller et retour individuels à prix réduits pour les voyageurs des trois classes à destination des bains de mer.

La création ou l'extension de billets d'aller et retour à prix réduits pour les avant et arrière saisons des stations thermales ou climatiques.

Les cartes d'excursions individuelles ou de famille dites billets de zone.

Des billets pour voyages circulaires à itinéraires facultatifs ou fixés.

Des billets combinés fer et cars.

Des billets de fin de semaine, pour sports d'hiver, etc., etc.

Toutes ces catégories de billets ont leur clientèle et sont intéressantes : mais il y a lieu de noter qu'elles visent surtout les voyages d'agrément.

On verra plus loin quand, à un point de vue général, il sera traité du trafic des voyageurs, quelle est la situation d'ensemble de ce trafic et ce qu'on doit penser de cette sorte de limitation.

Marchandises.

Pour les marchandises, les manifestations diverses de la concurrence automobile sont plus concrétisées, plus facilement saisissables ; aussi dans de nombreux cas, les réseaux peuvent-ils leur ajuster des combinaisons de tarifs qui, dans leurs principes et dans leurs formules, varient avec les modalités de ces concurrences, avec les natures des trafics concurrencés.

Gros chargements. L'industrie fait un emploi considérable de l'automobile pour des courants relativement réguliers de transports par gros chargements de blé, farines, sucres, matériaux de construction, combustibles minéraux, etc., pour des échanges de matières entre des mines, des usines, etc., etc.

L'automobile supprime en particulier les frais relativement élevés des opérations terminales entre le point de provenance et le départ de la gare d'origine du transport ferroviaire, entre l'arrivée à la gare terminus et la livraison au destinataire. En outre, les bases kilométriques des tarifs sont élevées pour les courtes distances auxquelles sont généralement effectués ces transports massifs, de telle manière qu'ainsi limité à ces courtes distances, l'emploi de l'automobile est susceptible de donner de sérieuses économies.

Au Congrès de 1928 de la Meunerie Française, on a estimé que la route offrait l'avantage jusqu'à la limite de *40 et peut-être 50 kilomètres*.

Et cette limite de 50 kilomètres est indiquée par M. G. Leverve dans la partie relative à la concurrence automobile de son rapport général du 2 décembre 1927 sur la gestion de la Compagnie des chemins de fer allemands.

C'est pourquoi, en France comme en Allemagne, l'effort des réseaux a porté surtout sur les transports de ces gros chargements à de courtes distances en leur appliquant de nombreux tarifs exceptionnels, le plus souvent des prix fermes, subordonnés, le cas échéant, à des conditions d'abonnement ou de tonnages annuels.

On en voit des exemples dans les tarifs proposés par les réseaux pour les transports de blé et de farine intéressant les moulins de la Brie, de la Beauce chartraine, de la Beauce orléanaise.

Un autre cas intéressant est celui d'un consortium de moulins de Chatellerault, Port de Piles et Villars qui avait organisé autour de ces moulins le ramassage du blé par automobiles.

Un tarif commun aux deux réseaux d'Orléans et de l'Etat stipule pour l'ensemble de ces transports collectifs, des diminutions sur les tarifs normaux de :

25 %	pour les tonnages annuels compris entre	6.000 et 10.000 tonnes
30 %	— — — —	10.000 et 15.000 —
35 %	— — — supérieurs à	15.000 —

Ce système de solutions locales adaptées aux circonstances de chaque cas particulier, a rencontré cette observation que la situation étant la même tout le long des lignes, mieux vaudrait une solution uniforme applicable d'une manière générale. En particulier, l'idée en a été émise à l'occasion de tarifs spéciaux pour des transports de blé sur certains moulins.

Mais la situation est, en réalité, loin d'être la même pour toutes les usines intéressées. Pour chaque cas, la solution dépend de trois termes : 1° les taxes ferroviaires, 2° les frais accessoires aux gares terminus, 3° les frais extérieurs (frais d'embranchements ou de camionnages etc.).

Or, ce dernier terme est évidemment très variable d'un lieu à un autre et comme il prend une part importante dans ces combinaisons restreintes, sa diversité semble bien s'opposer à l'application d'une formule uniforme.

D'autre part, si sérieuse que soit la concurrence automobile pour les recettes des chemins de fer, il s'en faut et de beaucoup qu'elle s'exerce uniformément tout le long des lignes. Par exemple pour ce trafic des moulins, les tarifs locaux dont on poursuit l'établissement, intéressent bien quelques dizaines de mille tonnes. Mais en dehors de ces tonnages, les réseaux transportent encore environ 1.500.000 tonnes de blés et farines à moins de 100 kilomètres, 800.000 à moins de 50 et de tels tonnages avec les recettes qu'ils donnent, méritent d'être traités avec ménagement.

Marchandises périssables. Tout à fait à l'opposé de ces transports de gros chargements qui appartiennent à la petite vitesse, la concurrence automobile manifeste une activité particulière pour les transports délicats et toujours urgents des marchandises périssables : fleurs, fruits, légumes à destination, par exemple, des Halles Centrales de Paris.

L'emploi de la route permet, en effet, d'éviter à ces marchandises fragiles les doubles manutentions aux gares de départ et d'arrivée.

D'autre part, les taxes des chemins de fer avec leurs frais accessoires, avec l'addition des prix élevés du factage parisien, donnent des totaux au-dessous desquels l'automobile peut établir des prix rémunérateurs.

Cependant ces transports spéciaux et urgents sont souvent de courte durée pour des quantités relativement considérables, il peut donc y avoir pour l'organisation de services réguliers d'automobiles, des difficultés qui laissent au chemin de fer une part appréciable d'avantages et une possibilité de lutte.

Aussi a-t-on vu apparaître pour ces transports de fruits, de légumes, de fleurs, des tarifs spéciaux de grande vitesse, généralement des prix fermes qui comprennent avec les majorations et les impôts tous les frais depuis la gare de départ jusqu'à la livraison aux Halles.

Certains de ces tarifs s'étendent aujourd'hui jusqu'à des distances voisines de 200 kilomètres et marquent ainsi l'amplitude de la concurrence automobile pour ces transports spéciaux.

Distribution des marchandises des centres régionaux.

Cette concurrence menace encore gravement les envois de détail effectués au départ des principaux centres régionaux soit par des maisons de gros et de demi-gros à leurs succursales, à leur clientèle de détaillants, soit par des grands bazars, des grands magasins de nouveautés, directement à leurs clientèles de consommateurs.

Le rayon de ces transports de distribution ne dépasse guère 100 kilomètres et atteint rarement 150 kilomètres.

L'emploi de l'automobile procure des avantages importants qui rendent difficile la résistance du chemin de fer. Le service de livraison est, en effet, plus rapide, les marchandises avec des emballages simplifiés ou même sans emballage, courent cependant moins le risque d'avaries. Les livreurs rapportent l'argent des factures, les emballages, les commandes nouvelles, des renseignements sur les assortiments, etc. Les voitures font en outre sur leurs parcours la réclame pour leurs maisons.

Toutefois ces transports automobiles, avec le personnel nécessaire, sont encore coûteux et les réseaux n'ont pas abandonné la partie ; ils ont établi en particulier des tarifs spéciaux intéressants par leurs dispositifs, pour les envois de maisons d'alimentation sur leurs succursales, d'établissements d'épicerie sur des magasins de détail, avec possibilité même, dans certains tarifs, de fractionner les arrivages pour les répartir avec ou sans réexpéditions sur d'autres magasins de détail, etc., etc.

Les clauses de certains de ces tarifs méritent d'être mentionnées à cause de leurs particularités et parce qu'elles caractérisent bien les conditions de la concurrence contre ces transports automobiles spéciaux.

Dans un de ces tarifs le chargement minimum des wagons est fixé à 2.000 kilos.

Mais dans le cas de chargements dépassant ce minimum, entre 2.000 et 3.000 kilogs, jusqu'à 50 kilomètres, il est fait sur le prix du transport une réduction de 0 fr. 04 par tonne kilométrique qui aboutit à 2 fr. à cette distance de 50 kilomètres : pour les distances supérieures, on déduit de ces 2 fr. 0 fr. 02 par tonne et par kilomètre en sus (disposition originale, mais rationnelle, les avantages de l'automobile allant se réduisant au-delà de cette distance).

Entre 3.000 et 4.000 kg. par wagon, ces deux taux deviennent 0.045 et 0.0225.

Au-delà de 4.000 kg. par wagon ils deviennent 0.05 et 0.025.

Avec ces combinaisons si souples, avec les limitations toutes nouvelles de leur application à des expéditeurs et des destinataires spécifiés, on voit combien les réseaux s'attachent à suivre les exhortations ministérielles sur le caractère commercial à donner à leurs tarifs.

Il faut relever toutefois que ceux qui viennent d'être signalés sont inscrits dans la série des tarifs de petite vitesse et on peut s'étonner de ne pas les voir dans les tarifs de grande vitesse. Dans cette concurrence de la route et de la voie ferrée, l'accélération des transports joue un rôle important, l'application des règles plus strictes et des responsabilités de la grande vitesse paraîtrait donc a priori très justifiée, sauf à leur apporter peut-être quelques tempéraments ; sans doute, dans la pratique, le chemin de fer s'efforce de satisfaire à ce point de vue aux exigences de ces clients spéciaux ; mais ceux-ci n'ont tout de même pas les assurances réelles dont ils ont besoin et puis d'une manière tout à fait générale, le sentiment de la responsabilité est pour l'exécution de tout service un sérieux élément de réussite.

Pour satisfaire aux besoins de réclame des grands magasins, on a envisagé une solution comportant le transport par fer des voitures chargées qui, débarquées à leur destination, y trouveraient leur personnel pour entreprendre alors leurs tournées et être ramenées ensuite par fer à leur point de départ.

En raison des frais qu'occasionnent les longs parcours sur route pour ces voitures et leur personnel, peut-être cette solution donnerait-elle satisfaction à la fois au chemin de fer et aux grands magasins.

On étudie aussi pour ces transports particuliers l'emploi de cadres mobiles (containers, disent les Américains) analogues aux cadres à bagages que le Nord emploie depuis longtemps pour faciliter dans les ports les manutentions des bagages du trafic franco-anglais.

Groupages. Les relations des fournisseurs avec leurs clientèles lointaines étaient depuis longtemps facilitées par les dispositions du tarif de grande vitesse n° 103 applicable aux *commissionnaires-messagers*.

Ces commissionnaires-messagers exercent, adapté à l'échelle des chemins de fer, l'antique métier des messagers ruraux qui, dans leurs carrioles, font à certains jours entre les villes et les villages voisins, les commissions des particuliers, les transports de leurs colis.

Ce tarif G. V. 103 est intervenu pour réglementer la circulation de ces intermédiaires, éviter notamment l'encombrement des fourgons des trains rapides, l'encombrement des voitures par un nombre excessif de colis à la main, etc.

Les prix appliqués à leurs transports sont ceux des bagages ; ces prix sont relativement élevés, les dépenses des factages aux gares de départ et d'arrivée sont lourdes ; aussi la route devait-elle attirer ces commissionnaires et leurs services d'automobiles prirent rapidement un très grand développement.

A cause des tarifs élevés des chemins de fer, ils pouvaient offrir au public, outre l'avantage d'une distribution plus rapide, des prix plus réduits qui leur laissaient encore des bénéfices importants, malgré les frais exceptionnels de parcours souvent très longs.

Dans cette situation, il était indiqué pour les réseaux de réduire leurs frais de transport, de manière à faire baisser les tarifs et les bénéfices de ces commissionnaires.

En ayant soin toutefois, pour éviter l'emploi de ces tarifs réduits par des expéditeurs isolés et les pertes inutiles qui s'ensuivraient sur les recettes de la messagerie, de subordonner ces réductions à des conditions de chargements plus ou moins élevés par wagon, en même temps qu'on stipulerait des bonifications croissant avec le nombre et la régularité des remises hebdomadaires.

Des tarifs de concurrence dits *Tarifs de Groupage*, ont été établis en grand nombre sur ces données ; leurs formules varient suivant les circonstances locales, d'après la fréquence des services sur route, suivant aussi les discussions avec les commissionnaires qu'il s'agissait de ramener au chemin de fer.

On ne peut donner ici l'énumération ni la comparaison des multiples solutions intervenues sur les divers réseaux ; à titre de renseignement, il doit suffire de montrer quelques solutions extrêmes entre lesquelles s'intercalent à peu près tous les cas d'espèce.

L'exemple d'une très grande simplification est donnée par un tarif P. O. de groupage en petite vitesse de Paris à St-Amand-Montrond et vice-versa, tarif comportant simplement un prix ferme de 41 fr. 25 par tonne pour les chargements allant de 1.500 à 5.000 kg., les poids excédant de 5.000 kg. étant taxés au prix de 30 fr. 45.

A l'opposé de cette solution simple, on en trouve une très complexe dans un tarif de grande vitesse du P. L. M. applicable à un grand nombre de relations et qui pour les prix comporte les conditions suivantes d'après les chargements des wagons.

Jusqu'à 2000 kgs. on applique les prix du tarif général qui sont réduits de 5 °/₀ pour 4000 kgs., de 10 °/₀ pour 6.000.

En sus, dans le cas de remises régulières, 3 jours par semaine, des bonifications portent ces réductions :
à 5 °/₀ pour 2000 kgs ; de 5 à 12 °/₀ pour 4000 kgs ; de 10 à 18 °/₀ pour 6000 kgs.

Dans le cas enfin de six remises régulières par semaine, ces taux sont élevés respectivement à 10, 20 et 30 °/₀.

Un autre tarif P. V. 100 P. L. M. comporte un jeu encore plus complet de coupures de tonnage : 5000, 6000, 7000, 8000, 9000 et 10000 kgs. par wagon ; les réductions des taxes dépendent exclusivement ici des nombres de remises hebdomadaires effectuées pendant au moins un mois, sur engagement préalable.

Suivant les conditions de tonnage par wagon, les taux de ces réductions sont :

avec, 3 remises hebdomadaires 5, 7, 9, 12, 15 et 20 °/₀
— 6 — — 6, 9, 12, 15, 20 et 25 °/₀.

Ces exemples permettent d'apprécier la diversité des conditions d'application de ces tarifs de groupage, diversité qui tient surtout, a-t-il été dit, à la diversité même des services automobiles concurrents.

Ces conditions ont, en particulier, pour objet de restreindre l'application de ces tarifs à la seule industrie des commissionnaires-messagers ; or une autre solution semble plus simple à cet égard : elle prend, en effet, sa base dans le tarif G. V. 103 applicable à ces commissionnaires et limite l'application des tarifs de groupage aux remises effectuées par les titulaires de la carte d'abonnement prescrite par ce tarif G. V. 103.

Ces prix de groupage et leurs conditions prennent place alors dans le tarif de grande vitesse n° 10 sous la rubrique :

Pour le transport rapide des colis des commissionnaires-messagers.

Résumé pour la concurrence automobile.

Les développements qui précèdent montrent la différence des politiques suivies par les réseaux dans leur lutte de concurrence contre les transports automobiles.

Pour les voyageurs, ils portent leur effort sur la route même par la création de services concurrents.

Pour les marchandises, ils cherchent au contraire à les ramener sur le rail.

Pour ce trafic des marchandises, il est particulièrement intéressant de relever dans les rapports de M. G. Leverve sur l'exploitation de la Compagnie des chemins de fer allemands, que cette compagnie, après des essais de transports sur la route même en association avec des entreprises privées, en viendrait à la politique adoptée par les réseaux français : la Reischbahn a, en effet, établi des tarifs spéciaux *Werk-Tarif* pour les transports industriels ; *Spediteur-Tarif* pour les groupages des marchandises de détail.

Les résultats que donne M. G. Leverve expliquent d'ailleurs ce changement d'orientation, car les tonnages transportés par les automobiles de la Reichsbahn associée à des entreprises privées ont été :

en 1927. . . .	377.512 tonnes
en 1928. . . .	249.346 —
En moins en 1928. . . .	128.166 tonnes (34 %)

Tandis qu'avec ses tarifs nouveaux de concurrence directe par la voie ferrée, la Reichsbahn aurait gagné un tonnage annuel de 550.000 tonnes dont 250.000 reprises à la route.

Résumé sommaire de la question des concurrences.

On vient de passer en revue les difficultés considérables résultant pour les chemins de fer :

de la concurrence des voies navigables aggravée par l'unification et par la suppression des anciens tarifs exceptionnels,

de la concurrence nouvelle si générale et si active des transports automobiles,

de la tendance générale à la dissociation des commerces et des industries, tendance qui résulte de l'unification en même temps que de l'augmentation générale des prix de transport.

Ces études ont montré l'extrême diversité des tarifs qu'il faut mettre en œuvre pour défendre le trafic, c'est-à-dire les recettes de la voie ferrée, défense nécessaire et urgente car, à son défaut, l'augmentation croissante des pertes conduirait à de nouvelles majorations générales et à une charge nouvelle sur l'ensemble du pays.

Sur un abaissement général des prix des transports ferroviaires.

Toutefois, avec les formules si variées, si souples de ces tarifs nouveaux, on s'écarte de plus en plus de l'unification prônée d'abord avec tant d'ardeur, mais dont les premières expériences ont tôt fait ressortir l'erreur.

Certains voient dans un abaissement général des tarifs le remède aux difficultés présentes.

Sans doute, si les situations financières de l'Etat et des réseaux venaient à permettre des réductions *massives* de 200, 250 points, sur l'indice 518.50, des frais de transports des marchandises, de 5 à 6 milliards sur leurs recettes, une pareille diminution serait susceptible d'importants résultats.

Mais il n'est pas besoin d'insister sur l'impossibilité actuelle d'une opération de cette envergure et il convient de limiter l'examen de cette suggestion à des diminutions d'un ordre de grandeur bien moindre.

Il faut préciser d'ailleurs que cet examen portera seulement sur les effets d'abaissements d'ensemble de la Tarification, abaissements effectués a priori, le champ restant libre pour des études de détail sur des trafics particuliers pour des recherches de combinaisons de tarifs, combinaisons dont on a vu fréquemment le grand intérêt.

MARCHANDISES

Insensibilité de leur trafic aux variations des prix de transport.

On se propose de démontrer, en invoquant des raisons et des exemples nombreux, que sur le trafic des marchandises il n'y a pas d'effets appréciables à attendre de diminutions générales des tarifs, diminutions contenues bien entendu, comme on vient de le dire, dans les limites compatibles avec l'état actuel des budgets.

Cette démonstration est d'autant plus nécessaire aujourd'hui, que la croyance dans l'efficacité de telles réductions, même très minimes, semble exister au Gouvernement, si on en juge par les dégrèvements d'impôts appliqués depuis juillet 1929.

L'impuissance de pareilles diminutions générales pour agir sur le trafic, résulte tout d'abord de la part très minime que prennent les prix de transports ferroviaires dans la valeur des produits et de la part bien plus minime encore que peuvent prendre dans cette valeur, des diminutions apportées sur les prix de transport par l'application de tarifs réduits.

En nombres arrondis, la Statistique des Douanes évalue à 90 milliards la valeur globale des 60 millions de tonnes de marchandises importées et exportées. La valeur moyenne de ces marchandises serait donc de 1.500 fr. par tonne. Cette valeur appliquée aux 300 millions de tonnes transportées sur le réseau national, fait ressortir pour cette masse de produits une valeur globale de 450 milliards.

Sur cette valeur, les 10 milliards de francs de la recette totale des transports de marchandises représentent finalement une part de 2,2 °/₀ qui ne dépasserait pas encore 4,4 °/₀, si on réduisait de moitié, c'est-à-dire à 750 fr., l'estimation de la valeur moyenne des produits transportés.

Imaginerait-on maintenant une réduction générale de 15 °/₀ sur l'ensemble des tarifs, avec un sacrifice considérable de 1.500 millions sur la recette annuelle, on n'aboutirait encore qu'à des diminutions sur la valeur moyenne, de 0.33 °/₀ avec 1.500 fr., 0.66 °/₀ avec 750 fr.

Il est inutile d'insister sur l'inefficacité certaine d'une opération qui aboutirait à d'aussi pauvres résultats.

On pourrait toutefois objecter à ce raisonnement que les produits fabriqués supportent le cumul des frais de transport des matières ou des demi-produits qui entrent dans leur fabrication et qu'on devrait, en conséquence, majorer pour ces produits fabriqués, les taux qu'on vient de trouver. Mais avec des tarifs basés comme ceux des chemins de fer français, sur la valeur des marchandises, à chaque stade de la fabrication, le prix du produit et le tarif de transport s'élèvent en même temps, de manière qu'approximativement, le rapport des deux éléments reste du même ordre de grandeur.

A un autre point de vue, il est essentiel d'ajouter que ces très minimes différences résultant sur les prix des choses de variations dans les tarifs de transport, se dilueraient encore entre des intéressés souvent nombreux et n'arriveraient à chacun d'eux et surtout aux consommateurs que diminués au point d'avoir perdu tout intérêt.

Enfin il faut insister une fois de plus sur ce point que cette discussion s'applique exclusivement au cas d'un abaissement *à priori d'une Tarification d'ensemble* ; mais il est essentiel de rappeler qu'on rencontre dans la pratique des cas concrets, bien définis, où même de petites différences dans les prix de transport sont susceptibles d'importants résultats. Ce sont, comme on en a vu des exemples, des cas de concurrences où ces petites différences appliquées à de gros tonnages passant entre les mains d'intermédiaires, peuvent donner à ceux-ci des bénéfices assez substantiels pour les déterminer à changer l'orientation de leurs affaires. On est alors en quelque sorte sur le terrain de la spéculation.

On peut appuyer par un faisceau de faits précis les éléments de conviction qui résultent des développements qui précèdent :

Résultats éventuels des dégrèvements de juillet 1929.

Il est intéressant tout d'abord d'analyser les résultats qu'on peut attendre du dégrèvement en juillet 1929, des impôts qui frappent les transports des denrées périssables (5 °/₀), ceux des animaux vivants en grande vitesse

(10 %), ceux des marchandises expédiées en transit ou à l'exportation (10 %).

Parmi les denrées périssables, si on prend par exemple le *beurre* vendu à Paris 20 à 25 fr. le kilog, les frais de transport sur un parcours supposé de 400 kilomètres, sont de 400 fr. environ par tonne comportant 20 fr. pour l'impôt.

Sur la valeur du produit, ces 20 fr. par tonne représentent une part de 0.1 à 0.08 %, c'est-à-dire 0.02 par kg., 0.01 par livre. Il n'est pas douteux que ce minime dégrèvement n'intéressera ni le consommateur, ni peut-être aucun des intéressés qui participent à ce trafic. Les 85 millions de l'impôt sur les denrées auront été sacrifiés en pure perte.

Pour les bestiaux, on trouve cette circonstance singulière qu'applicable seulement et avec raison aux seuls transports en grande vitesse qui sont les transports rationnels des animaux vivants, le dégrèvement aura surtout pour effet d'accélérer le passage de ce trafic de la petite à la grande vitesse, effet certainement heureux pour la bonne conservation du bétail, mais qui se traduira en fait par des relèvements de prix de transport supérieurs au montant du dégrèvement de l'impôt.

Pour les marchandises en transit ou d'exportation on se trouve sur le terrain de la concurrence avec les ports étrangers ou avec les producteurs étrangers. Le dégrèvement est alors susceptible d'effets intéressants sur la concurrence si vive qui existe entre les ports français et les ports étrangers ; de faibles différences sont, en effet, susceptibles d'agir sur les courants de transports de marchandises de forts tonnages, surtout si les ports, les chemins de fer, les Compagnies de navigation maritime participent de leur côté aux efforts nécessaires.

Discussion des résultats des dernières majorations de tarifs.

Cette discussion des dégrèvements de juillet 1929 pourrait paraître anticipée ; mais on va maintenant montrer par des résultats précis, incontestables, qu'en fait les fluctuations des prix de transport n'impressionnent pas le trafic des marchandises.

Le tableau suivant présente les recettes de base (sans majoration ni impôts) pour le trafic de petite vitesse des dix-neuf premières semaines des années consécutives 1927, 1928, 1929.

(A cause du trouble profond occasionné en 1926 par la crise d'inflation et la stabilisation de fait qui l'a suivie, les résultats de cette année 1926 ont eu un caractère tout à fait anormal et ont pour cela été écartés de cette comparaison).

1927	918.585 millions
1928	976.996 —
1929	1.003.402 —

Cependant on était sous le coup des trois majorations survenues du 1er janvier au 16 août 1926, majorations qui avaient relevé l'indice des frais de transport de 315 au 31 décembre 1925 à 468.3 au 16 août 1926, c'est-à-dire de 153.3 points ou 49 °/₀ ; on a eu ensuite le relèvement nouveau de 50 points du 1er mars 1928. Or, malgré ces relèvements si importants des tarifs, non seulement le trafic n'a pas fléchi, mais encore il a progressé de 84 millions 817, soit de 9.27 °/₀.

Si, entrant dans le détail, on recherche maintenant les effets immédiats de ces majorations, on peut d'abord, pour les années 1925 et 1926, comparer les recettes de base de la période du 12 août au 21 décembre qui comprend la date du 16 août où l'indice des prix de transport des marchandises a été majoré de 103 points. Ces recettes se sont élevées à :

en 1925 . . .	496.3 millions
en 1926 . . .	509.5 —
soit en plus en 1926 . . .	13.2 millions ou 2.6 %

Dans les mois de septembre et octobre consécutifs à cette date du 16 août, on a eu les moyennes journalières suivantes pour les nombres de wagons chargés :

	1925	1926	Différences
Septembre . .	64.107	64.600	493 (0.77 °/₀)
Octobre . . .	66.542	67.923	1.381 (2.1 °/₀)

On trouve donc des augmentations de trafic, malgré la hausse considérable des prix de transport, malgré le fléchissement général des affaires qui a suivi le redressement monétaire et la stabilisation de fait survenus au milieu de 1926.

Si on arrive maintenant au relèvement de 50 points du

1er mars 1928, les comparaisons des recettes de base, des moyennes journalières des wagons chargés, conduisent aux mêmes constatations.

Les huit premières semaines jusqu'au 27 février avaient donné, sur les résultats de 1927, un excédent hebdomadaire moyen de 977 millions.

A partir du 26 février, à très peu près depuis la majoration du 1er mars, la période des vingt semaines jusqu'au 14 août a donné un excédent hebdomadaire supérieur, 1.056 millions.

Le tableau suivant renseigne sur les moyennes journalières de wagons chargés dans chacun des neuf premiers mois de 1927 et de 1928.

	1927	1928	Différence
	—	—	—
Janvier	56.603	60.426	3.765
Février	64.967	67.792	2.825

Après le 1er mars et la majoration de 50 points :

	1927	1928	Différences
	—	—	—
Mars.	61.880	65.446	3.566
Avril.	58.017	60.891	2.084
Mai	60.858	60.680	—178
Juin	59.494	62.876	3.382
Juillet	56.649	59.176	2.627
Août.	53.386	61.640	4.254
Septembre	31.032	66.410	5.378

etc., etc., etc.....

Sauf la moyenne anormale de mai 1928, tous ces résultats de 1928 comme ceux qu'on a vus pour 1926, corroborent la conclusion qu'on a tirée de la part minime des frais de transports ferroviaires dans la valeur des produits. On peut donc conclure sûrement que dans les limites où on s'est placé, des variations apportées ainsi, à priori, sur l'ensemble d'une Tarification, ne peuvent avoir aucun effet appréciable sur la marche du trafic.

Confirmations diverses. Cette conclusion rencontre d'autre part des confirmations qu'il est intéressant de noter.

C'est d'abord une observation piquante de l'exposé des motifs pour le budget de 1930, à propos des dégrèvements proposés :

« .... *une faible réduction portant sur la totalité des transports de* « *marchandises risquerait d'être absorbée par les intermédiaires et* « *demeurerait sans effet sur les prix de vente aux consommateurs* ».

Ce qui est conforme du reste à la thèse qu'on vient d'exposer. Mais on ne s'explique pas alors comment cette vérité bonne pour tout l'ensemble du trafic, cesse de l'être pour une partie et comment les « *faibles réductions* » de juillet 1929 pourront échapper à l'emprise des intermédiaires et arriver aux consommateurs.

Au surplus, la conviction du Gouvernement ne semble pas très ferme, car en un autre point de cet exposé des motifs il s'exprime à ce sujet avec une nuance qui mérite d'être retenue :

« *afin de réduire une des causes ou du moins un des prétextes de la hausse des denrées.....* »

On lit dans un rapport d'août 1928 de la Chambre de Commerce de Rouen.

« *L'ensemble du marché des produits chimiques continue d'être stable et les nouvelles conditions de transport* (la majoration du 1er mars) *n'influencent pas les prix* ».

Le Président de la Cie des chemins de fer de l'Est parlant le 23 août 1928 aux actionnaires de la Compagnie, commence ainsi le paragraphe relatif aux tarifs :

« *Bien qu'elle n'ait pas empêché le trafic de s'accroître dans une certaine mesure, cette majoration constitue une lourde charge pour les usagers...* »

On doit retenir surtout que le relèvement des tarifs n'a pas arrêté la progression du trafic ; quant à la charge sur les usagers, on verra tout à l'heure ce qu'il faut en penser, au moins pour le principal de ces usagers, l'industrie métallurgique.

Mêmes constatations à l'étranger : en Allemagne, les tarifs de transport ont été relevés de 11 % à partir du 1er octobre 1928. La *Journée Industrielle* a reproduit à ce sujet l'observation suivante de la Commission des transports de l'Association d'Empire de l'Industrie allemande :

« *Pour autant qu'on en peut juger par les résultats obtenus au mois d'octobre, il est permis d'espérer que l'augmentation des recettes attendue des nouveaux tarifs se réalisera. Le fléchissement des transports prophétisé par plusieurs n'a pas eu lieu.* »

On en pourra mieux juger encore d'après les renseignements donnés dans l'appendice au sujet de la Tarification allemande.

Ces divers témoignages s'appliquent à des relèvements des prix ; mais il n'est pas douteux qu'on aurait des effets semblables dans le cas contraire de diminutions générales.

On a d'ailleurs, pour ce sens, l'expérience faite en Angleterre avec les réductions importantes d'août 1923 sur les tarifs des chemins de fer. Le *Times* du 9 février 1927 a rapporté à ce sujet l'avis du Directeur général du Great Western Railway lequel estimait que la réduction des tarifs en août 1923 n'avait pas été justifiée par les résultats. Les usagers avaient prétendu qu'une augmentation de trafic serait la conséquence de cet abaissement ; mais en réalité, de 1923 à 1926, les Compagnies n'ont enregistré que des diminutions de recettes.

Exemple tiré des plaintes de l'industrie métallurgique française.

Cependant en France comme en Angleterre, on entend réclamer fréquemment un abaissement général des tarifs, abaissement qui devrait, comme on le promettait en Angleterre, amener une augmentation du trafic.

Ces plaintes sont surtout vives et répétées de la part de l'industrie métallurgique ; depuis quelques années, en effet, il est peu de rapports aux Assemblées Générales des principales Sociétés où on n'insiste sur les nombreux millions payés pour les frais de transport.

Or, la confrontation de ces plaintes avec les résultats de cette grande industrie va montrer une fois de plus, par un nouvel et très important exemple, que, malgré toutes ces réclamations, les variations des prix de transport n'ont, en réalité, aucun effet appréciable sur le trafic, noyées qu'elles sont parmi toutes les autres causes économiques qui en déterminent les fluctuations.

Ces rapports qui insistent tant sur les frais de transport sont, en général, sobres de renseignements sur les divers éléments de l'activité sociale des Sociétés.

On trouve cependant d'intéressants rapprochements dans le rapport d'une des plus puissantes firmes sidérurgiques de l'Est sur les résultats de l'exercice 1924-1925.

Ce rapport a fait grand état des 32 millions de frais de transport acquittés par la Société.

Le chiffre est certes imposant ; mais il est essentiel de constater que cette charge n'a pas du tout empêché de réaliser sur les résultats de l'exercice précédent, les grands progrès que voici :

Fonte 45 %, aciers 50 %, chiffre d'affaires 28 %, bénéfice net 14 %.

Le dividende a été de 12 %.

Le 22 février 1928, le Conseil Supérieur des chemins de fer discutait les nouvelles majorations de tarifs qui devaient être appliquées le 1er mars suivant. Dans cette discussion, un des représentants les plus qualifiés de l'industrie métallurgique fit un important discours dans lequel il s'attacha à montrer cette industrie pliant sous la charge des prix de transport.

A cet égard, le passage suivant fut particulièrement catégorique.

« *Quelle a été la conséquence de cette tarification excessive ? c'est* « *qu'en définitive, d'excessive au début, la surcharge est devenue de* « *plus en plus écrasante au fur et à mesure des majorations et du jeu* « *de l'impôt L'impôt a été mal réparti et à chaque majoration des* « *tarifs, l'impôt étant majoré également, nous avions également un* « *impôt plus considérable.*

« *Il me paraît absolument impossible que l'industrie métallur-* « *gique puisse vivre ou se développer avec des tarifs aussi élevés que ceux appliqués actuellement* ».

Pour arriver à une déclaration si pessimiste, l'orateur s'est laissé trop facilement entraîner au courant de cette opinion qui, mal informée, attache aux tarifs de transport une influence exagérée sur la marche de l'ensemble des affaires.

Car il est arrivé que la majoration de 10 % ayant été cependant approuvée et appliquée à partir du 1er mars 1928, les progrès considérables réalisés depuis par l'industrie métallurgique sont venus contredire de la manière la plus frappante et d'ailleurs la plus heureuse, les sombres pronostics développés devant le Conseil Supérieur.

On a vu les résultats d'une importante Société Métallurgique de l'Est pour l'exercice 1924-25.

Dans les années suivantes, malgré des relèvements très sensibles des tarifs de transport, le chiffre d'affaires de cette Société a néanmoins progressé dans la mesure considérable que voici :

276 millions en 1923/24
373 — — 1924/25
487 — — 1927
558 — — 1928
561 — — 1929

Le dividende de 12 % en 1924/25 a été porté progressivement à 16 % en 1928/29.

On doit d'ailleurs noter qu'avec de tels résultats, le rapport lu le 23 septembre 1929 aux actionnaires n'a plus fait mention de la charge des frais de transport.

Si on considère maintenant l'ensemble de l'industrie métallurgique, la Statistique générale de la France donne les indices suivants pour sa production dans les huit premiers mois de 1929, ainsi que leur comparaison avec les indices moyens des années antérieures (Base 100 en 1913).

1925	101	Janvier 1929	132	Mai	132
1926	113	Février	126	Juin	130
1927	112	Mars	127	Juillet	128
1928	125	Avril	131	Août	130

D'autre part, la production elle-même se présente dans les conditions que montre le tableau suivant des moyennes annuelles en 1913, 1927, 1928 et mensuelle en août 1929 (tonnages en milliers de tonnes).

	1913 territoire actuel.	1927	1928	Août 1929
Fonte brute	749	772	832	893
Acier brut	559	689	791	827

Et ces résultats si remarquables, si démonstratifs, se traduisent naturellement dans les bénéfices des sociétés métallurgiques : bénéfices bruts, bénéfices distribués, dividendes des actions, qui augmentent d'année en année.

Ainsi cet exemple de l'industrie métallurgique, exemple considérable, mis en avant par les intéressés eux-mêmes, ajoute à toutes celles qu'on a déjà vues, une démonstration nouvelle tout à fait remarquable, de l'erreur consistant à attribuer une influence sur le trafic à des diminutions d'ensemble des prix de transport, diminutions contenues, bien entendu, dans la limite des possibilités actuelles.

Exemple de réductions de prix calculées pour des cas concrets, déterminés.

Mais, il faut y insister, cela ne veut pas dire qu'il n'y ait jamais rien à faire pour accommoder la Tarification aux besoins du commerce et de l'industrie; seulement, au lieu de solutions à priori et pour ainsi dire impulsives, ces accommodations doivent résulter d'études aussi précises que possible, portant sur des cas définis et concrets, et l'industrie métallurgique elle-même va précisément fournir un exemple de cette distinction.

Avant la guerre, la sidérurgie française avait une capacité de production de 5 à 5,5 millions de tonnes qui trouvaient presque entièrement leur écoulement sur le marché intérieur fortement protégé par des droits de douane.

Depuis la réintégration des usines de Lorraine et l'assimilation de celles de la Sarre, la capacité de production de l'industrie française s'élève à 10 millions de tonnes environ dépassant de 5 millions environ l'ancienne capacité d'absorption du marché national. On ne pouvait songer à étendre dans cette mesure les débouchés intérieurs; force était donc de trouver à l'extérieur l'écoulement de l'important tonnage excédant ces besoins intérieurs.

Une diminution de quelques points sur l'ensemble de la tarification, diminution nécessairement limitée, ne pouvait avoir aucun effet sérieux à ce point de vue. Mais on se trouvait vis-à-vis des produits étrangers, dans un de ces cas de concurrence où on a vu des abaissements de tarifs *bien étudiés* produire des résultats importants.

D'autre part, sur un terrain plus circonscrit, on pouvait se permettre plus de hardiesse dans les diminutions des prix et l'enjeu était considérable; aussi, dès après la guerre, les réseaux allant spontanément au devant des besoins des industriels, prirent-ils l'initiative de tarifs très réduits applicables aux transports *d'exportation* de tous les produits de l'industrie métallurgique. Ces tarifs qui ont eu un grand succès, ont certainement leur part appréciable dans le développement de ces exportations lesquelles atteignent plusieurs millions de tonnes de produits lourds.

Ce trafic d'exportation doit d'ailleurs être surveillé très attentivement ; en outre on devrait sans doute aider par voie indirecte à son développement en facilitant par des mesures d'ensemble concertées au besoin avec l'industrie lourde, le trafic sur les usines de transformation des produits destinés aux fabrications dans ces usines des marchandises destinées à l'exportation.

Il est intéressant à cet égard de se reporter à une correspondance adressée d'Essen le 10 novembre 1927 à la *Journée Industrielle.* On y rendait compte de l'Assemblée Générale des Kloeckner Werke au cours de laquelle M. P. Kloeckner avait exposé que l'industrie lourde (en Allemagne) attache plus d'importance à cette exportation indirecte qu'aux ventes directes de ses propres produits à l'extérieur.

VOYAGEURS

Impressionnabilité de leur trafic aux variations des prix de transport.

On vient de démontrer que des variations générales dans les tarifs de transport des marchandises, ne sont susceptibles d'aucun effet appréciable sur leur trafic.

Il en est tout autrement pour les voyageurs.

Pour ceux-ci, en effet, tout changement apporté aux prix de leurs voyages les frappe immédiatement, intégralement, et la réaction suit aussitôt.

Les témoignages, les preuves de cette sensibilité abondent comme ont abondé en sens contraire les témoignages et les preuves de l'insensibilité du trafic des marchandises aux variations qu'on a vues sur leurs prix de transport.

Ainsi dans le rapport de la compagnie P. L. M. sur les résultats de l'exercice 1927 on trouve l'observation suivante :

« *Bien que le relèvement total (16 août 1926) fut pour les deux* « *catégories de trafic (marchandises et voyageurs) de 103 points, le* « *trafic voyageurs a réagi de manière plus profonde. C'est que cette* « *branche du trafic est tout particulièrement sensible aux relèvements* « *brusques et importants des prix.*

Exemples.

L'histoire des chemins de fer dans ces dernières années, offre des exemples caractéristiques de ces réactions du mouvement des voyageurs.

C'est d'abord l'expérience de 1892 où, de concert entre le Gouvernement et les réseaux, l'ensemble des prix de transport des voyageurs fut réduit d'environ 20 °/₀ ; l'impulsion donnée au trafic fut telle et si rapide qu'en moins d'une année la recette mise au jeu fut récupérée.

On trouve dans le rapport de la Compagnie P. L. M. sur l'exercice 1928 un autre exemple récent d'une impulsion semblable : il y est dit, en effet, que pour les places de couchettes, sous le double effet de la réduction de l'impôt de 65 à 32.5 °/₀ et de l'abaissement à partir du 1er août, des taux des suppléments à 30 °/₀ dans les trains rapides, 20 °/₀ dans les autres trains, le nombre des places louées avait augmenté immédiatement de 22 °/₀ dans le deuxième semestre de 1928.

Discussion des effets des dernières majorations des tarifs.

Dans le sens contraire, les augmentations des prix ont donné lieu à des régressions du trafic tout aussi caractéristiques.

Ainsi les premières majorations de 1926 : 40 points le 1er janvier, 20 points le 1er mars, soit ensemble 60 points ou 21 °/₀ des prix au 31 décembre 1925, ont fait aussitôt reculer les recettes de base, c'est-à-dire le trafic, de 3 °/₀, sinon même de 8 °/₀, si on tient compte de la progression normale de 5 °/₀.

Puis vint la majoration massive du 16 août 1926 (56 °/₀ des prix de 1925) qui fit baisser le trafic, de 10.8 °/₀, ou 15.8 °/₀ sur le résultat normal qu'on aurait dû avoir.

On peut se rendre compte de l'instantanéité qui est une particularité originale de ces régressions, en considérant le tableau suivant des recettes de base du trafic voyageurs dans chacune des quatre semaines qui ont de part et d'autre, encadré le 16 août.

SEMAINES	Recettes de base (millions)		Différences	
	1925	1926	+	—
30 Juillet-5 août	27.161	27.020		141
6 août-12 août	25.626	25.813	188	
13 août-19 août	30.535	27.257		3278
20 août-26 août	24.017	21.946		2071

et cependant le 15 août marque une époque où les déplacements sont particulièrement actifs.

Pour les dix-huit semaines suivant le 19 août, on a enregistré les résultats suivants (en millions) :

	1925	1926	Différence		%
			+	—	
Recettes de base . . .	360.612	324.717	»	32.195	8.8
Recettes effectives (avec les majorations) . .	883.658	1.099.057	215.399		

On pourrait dire, il est vrai, que la majoration ayant eu pour objet de procurer un excédent de recette, ce but a été atteint, en sacrifiant toutefois près de 10 °/₀ des voyageurs.

Mais il faut observer que, sans le relèvement des prix et sans la régression qui s'en est suivie sur l'effectif des voyageurs, on aurait trouvé en 1926 la recette de 1925 accrue de l'augmentation normale de 5 °/₀. Cette recette ainsi majorée eût été d'environ 928 millions ; les recettes effectives, de 1926, majorations comprises, ne donneraient donc plus qu'une augmentation réelle de 71 millions seulement. Ainsi réduit, le profit de l'opération paraît bien mince en regard du trouble profond apporté dans la circulation des personnes.

Voyageurs à tarifs réduits, en particulier ceux des familles nombreuses.

La relation de cause à effet entre les majorations et la diminution du nombre des voyages ressort encore avec évidence de ce fait intéressant que cette diminution n'a pas atteint les voyageurs à prix réduits et en particulier ceux des familles nombreuses lesquelles d'après le nombre de leurs enfants bénéficient de taux de réduction croissant de 30 à 70 °/₀. Ces taux s'appliquant aux majorations et à l'impôt, l'indice normal décroît, en effet, pour ces voyageurs jusqu'à descendre de 450.5 à 115.5 seulement pour les familles d'au moins 7 enfants.

Des statistiques de la Compagnie d'Orléans permettent de comparer jusqu'en 1925 les mouvements de ces voyageurs spéciaux aux mouvements des voyageurs ordinaires.

Si la majoration de 80 points apportée le 10 mars 1924 à l'indice des prix de transport a déterminé aussitôt la baisse rapide du mouvement des voyageurs ordinaires, on constate, au contraire, que la progression antérieure a continué pour les familles nombreuses dont les voyages ont plus que doublé entre 1923 et 1925.

ANNÉES	Nombres de voyageurs (en 1000)	
	Ordinaires	Familles nombreuses
1921	42.133	501
1922	45.254	619
1923	48.281	924
1924	43.332	1.579
1925	42.517	2.055

Le rapport de la même Compagnie sur l'exercice 1928 renseigne encore que sur l'augmentation totale de 1.722.050 voyageurs par rapport à l'effectif de 1927, 1.191.690 avaient utilisé des billets à réductions diverses, l'augmentation 531.361 pour les billets ordinaires n'a donc représenté qu'une augmentation de 0.7 %, augmentation bien maigre, surtout avec l'été exceptionnellement beau qu'on a eu en 1928.

Exemples divers. Cette sensibilité extrême du trafic-voyageurs aux variations des tarifs n'est pas spéciale au réseau continental.

On la retrouve sur un réseau colonial, celui des chemins de Fer *Tunisiens* où le relèvement des tarifs le 15 octobre 1926 a bien donné en 1927 un supplément de recettes de 892.000 fr., mais au prix d'une diminution de 959.500 ou 21 % du nombre des voyages.

A l'étranger, l'exemple des chemins de fer *Allemands* est à cet égard particulièrement intéressant : On peut le suivre sur les rapports de M. G. Leverve. On y voit qu'en 1922, la baisse considérable des prix de transport résultant en fait de l'inflation et de l'avilissement des cours du mark, fit progresser de 102 % le nombre des voyageurs par rapport aux résultats de 1913 ; de 72 % en 1923.

Avec le retour au mark or, dès 1924, l'augmentation tombait à 23 %, par rapport au résultat de 1913 ; c'était une diminution de 40 % par rapport au chiffre de 1922.

En *Suisse*, le Message du Conseil Fédéral relatif au budget de

1925 a relaté que la diminution des recettes résultant du rétablissement au début de 1924, des billets d'aller et retour à prix réduits, avait été plus que compensée par l'augmentation du trafic provoquée par cette mesure, et cela malgré la température défavorable de l'été.

Atténuations des impôts dans divers pays.

Aussi l'atténuation des charges imposées au trafic des voyageurs se généralise-t-elle de plus en plus.

On peut, à titre d'exemples, citer *l'Angleterre* où le budget de 1929/30 comporte la suppression totale de l'impôt de 5 %.

L'Autriche, la Belgique, la France (pour la majoration du 1er mars 1928) qui ont excepté les tarifs-voyageurs d'un relèvement limité aux marchandises, etc.

Discussions sur l'impôt de 32, 5 % en France.

Ne devrait-on pas, en France, aller plus loin et attaquer enfin cet énorme impôt de 32, 5 % dont on ne rencontre à beaucoup près l'équivalent dans aucun autre pays et qui comprime, comme on l'a vu, la circulation des voyageurs en pesant sur cette circulation de toute sa charge d'environ 25 % du prix total du transport.

La question a dû se poser au Gouvernement, car dans l'exposé des motifs pour le budget de 1930 on trouve l'allusion suivante :

« *Il serait illogique de faire bénéficier d'une réduction d'impôt* « *les transports des voyageurs qui, compte tenu de la stabilisation du* « *franc et de la réduction du pouvoir d'achat de la monnaie, coûtent* « *environ 30 % de moins qu'en 1913.*

Il est bien exact, en effet, qu'à comparer l'indice des prix de transport des voyageurs, 450,/5 avec celui des prix de détail, environ 600, on arrive à une différence de 25 % voisine des 30 % de la déclaration officielle.

Mais que vaut ce raisonnement spécieux en regard de la gêne profonde infligée à tout le pays par un impôt qui relève les prix de transport de 25 % ?

Si on se reporte au passé, ce ne doit pas être seulement pour des comparaisons mathématiques, mais pour y trouver comme on le peut, des enseignements propres à guider la politique de l'avenir.

Sur la comparaison des prix calculés en franc or.

D'autre part dans ces discussions sur les tarifs-voyageurs, on voit souvent comparer les prix des transports sur les chemins de fer français à ceux des réseaux étrangers en rapportant les uns et les autres à l'or de 1913.

Mais on n'est pas dans la vérité économique en tablant comme on le fait, sur le coefficient 5 pour le franc papier actuel et sur le pair pour les pays à monnaies appréciées, car les prix des voyages appartiennent plutôt au trafic de détail des divers pays et la comparaison doit alors en être faite d'après les indices des prix de détail de ces pays : 600 pour la France, 155 pour les pays ayant conservé l'ancien étalon d'or, Allemagne, Angleterre, Suisse, etc.

Par exemple, un tableau officiel du 30 juillet 1926 donnait pour la troisième classe en France, la quatrième en Allemagne, sur un parcours de 300 kilomètres, les prix suivants : 7 fr. 836 et 12 fr. 222, calculés comme on vient de le dire, avec le coefficient 5 en France, le pair en Allemagne ; au lieu qu'en se référant aux indices actuels des prix de détail, ces prix devraient être ramenés à 6 fr. 53 et 7 fr. 88 ; la différence évaluée d'abord à 4 fr. 38 ne serait plus que 1 fr. 35.

La valeur de l'argument s'en trouve sensiblement diminuée ; au surplus, on ne voit pas bien la conclusion qu'on peut tirer d'une telle comparaison. Les situations économiques ne sont pas les mêmes dans tous les pays, à telle preuve que de tout temps la vie a été en France notoirement moins chère que dans la plupart des autres contrées avoisinantes. Il est donc normal que les prix de transport y soient également moins élevés.

Enfin, la question des tarifs des chemins de fer est surtout une question commerciale et à ce point de vue, la vérité commerciale ne serait-elle pas du côté des tarifs plus réduits des chemins de fer français ?

Sur les divers objets des voyages.

On objecte encore que les diminutions considérables constatées sur le trafic-voyageurs et qui témoignent de la grande gêne imposée par les tarifs actuels à l'ensemble de la population, porteraient principalement sur les voyages *de plaisir* et qu'à ce point de vue cette gêne ne mériterait pas d'être prise en considération.

Même au point de vue philosophique, le plaisir n'a-t-il pas sa place naturelle et légitime dans la vie de l'homme ? N'est-il pas en particulier bien sévère de faire si peu de cas du plaisir du voyage, plaisir si vif, si recommandable au point de vue de la sociabilité avec les réunions de famille, d'amis etc., au point de vue de l'hygiène pour la détente qu'il apporte aux fatigues du travail continu, au point de vue de l'éducation, etc. etc... ?

Au surplus, ne voit-on pas les réseaux multiplier aujourd'hui les tarifs spéciaux en vue précisément de faciliter ces voyages de plaisir ? tarifs spéciaux pour les fins de semaine, pour les voyages aux stations thermales et climatiques, aux bains de mer, pour les sports d'hiver ; pour les réunions sportives, les voyages en groupe, etc. etc. ?

Même, ces tarifs nouveaux semblant réservés surtout aux voyages d'agrément, on pourrait croire que les voyages d'affaires seraient de parti pris laissés de côté, n'ayant pas besoin d'encouragements, puisqu'en fait ils s'imposeraient aux intéressés.

Mais est-on certain qu'il en soit ainsi ? Parmi tous ces voyages d'affaires, n'en est-il pas beaucoup qu'on pourrait appeler des voyages de prospection, pour prendre des vues, des informations générales sur les tendances de marchés plus ou moins lointains, sur les possibilités encore vagues d'y nouer des transactions, etc ? N'est-il pas probable, sinon même certain, que la cherté des voyages empêche un grand nombre de ces déplacements dont l'intérêt non défini ne comporterait pas la mise au jeu de dépenses relativement élevées ?

On a parlé plus haut de marchés ayant abandonné des ports où cependant ils étaient fixés depuis très longtemps et s'étant transportés par exemple au Havre, à proximité du grand débouché parisien. Ne peut-on penser que la dépense des voyages pour se rendre sur ces ports éloignés aura été pour quelque chose dans ces abandons ?

Enfin, de même qu'on multiplie et avec raison les avantages pour les réunions sportives, pour les sports d'hiver, etc... ne devrait-on pas aussi encourager les voyages ayant des objectifs qu'on pourrait en quelque sorte qualifier de « sports commerciaux » et rechercher des combinaisons de tarifs propres à faciliter pour des réunions commerciales, des ventes publiques, etc... les déplacements de durées strictement limitées, de négociants, d'industriels qualifiés et spécifiés.

Ces déplacements commerciaux, à la condition d'en bien choisir les objets et les bénéficiaires, pourraient être générateurs d'affaires, c'est-à-dire de transports.

On peut d'ailleurs citer à cet égard l'exemple particulièrement intéressant des chemins de fer anglais lesquels d'après le Railway Gazette, délivreraient depuis le 1er juin 1929 aux firmes commerciales leur donnant annuellement un minimum de recette, des carnets de parcours à prix réduits de 23 % en 1re classe, 20 % en 3e classe valables pour les commerçants et leurs commis et *exclusivement pour des voyages d'affaires.*

Résumé et conclusions pour le trafic-voyageurs.

En résumé, de quelque côté qu'on examine le trafic des voyageurs, on en constate l'extraordinaire impressionnabilité, sous l'effet des variations des tarifs en hausse ou en baisse.

Les dernières majorations de ces tarifs ont en particulier causé une régression considérable du nombre des voyageurs ; sans doute elles ont procuré les plus-value de recettes dont on avait besoin, mais au prix d'une gêne certaine et sérieuse imposée à l'ensemble de la population, c'est-à-dire aux 40 millions de Français que n'intéresse pas encore la voiture automobile individuelle.

Un tel résultat est certainement anormal aussi bien du côté des Pouvoirs Publics que de celui des chemins de fer.

Aussi devrait-on s'efforcer de trouver par un accord entre les réseaux pour leurs tarifs et l'administration pour l'impôt, une solution qui rétablisse une situation plus rationnelle. A la condition d'être large, cette solution donnerait sans doute aux recettes une impulsion apportant la compensation des sacrifices qu'elle aurait nécessités.

RÉCAPITULATIONS

Récapitulant les enseignements que donne cette histoire de la Tarification des chemins de fer français dans les dix dernières années, on trouve d'abord l'expérience faite en 1919-1920 de l'unification des tarifs de transport, expérience qui avait un précédent, malheureusement oublié, dans l'unification des tarifs allemands après 1870. Les résultats pareils de ces deux expériences concourent à démontrer l'impossibilité d'immobiliser les tarifs ferroviaires, l'impossibilité d'oublier les nécessités diverses auxquelles ces tarifs avaient dû pourvoir dans le passé.

Car ces nécessités se représentent aussitôt avec force ; on est alors obligé de se reporter aux anciennes dispositions et de surmonter pour les reprendre, les oppositions et les difficultés les plus vives.

Ces difficultés pour les réintégrations d'anciennes Tarifications spéciales, les nécessités d'une lutte nouvelle contre la concurrence éminemment variée des transports automobiles, ont eu toutefois un heureux résultat, celui de faire élargir les conceptions rigides, mathématiques, de l'ancienne Tarification pour arriver à des formules nouvelles, plus souples, plus commerciales, qui permettent d'atteindre les buts proposés plus sûrement et avec de moindres sacrifices.

Enfin, une discussion approfondie basée en particulier sur de nombreuses statistiques, a montré que, contrairement à une opinion trop facilement admise, des variations. des tarifs de transport, *dans les limites qu'on peut imaginer aujourd'hui*, n'ont, en général, que des effets négligeables sur le trafic des marchandises, au lieu que sur le trafic des voyageurs, ces effets sont intenses en même temps qu'instantanés.

Cette discussion a conduit aux conséquences suivantes :

Pour les marchandises, il n'y aurait pas à songer présentement à des abaissements généraux de leurs tarifs ; mais il reste utile d'examiner, voire même de rechercher les cas concrets pour lesquels des Tarifications spéciales pourraient donner d'intéressants résultats.

Pour les voyageurs, au contraire, on devrait tendre vers une diminution générale de leurs tarifs. Poussant même jusqu'au bout les conséquences de ces constatations faites sur les deux trafics, on avait un moment envisagé une réduction importante des frais de transport des voyageurs (impôt et tarifs) en reportant sur les taxes applicables aux marchandises une partie du sacrifice ainsi encouru. La recette des marchandises étant trois fois environ celle des voyageurs, il suffisait d'ajouter aux tarifs des marchandises une majoration relativement peu importante, laquelle n'aurait eu certainement aucun effet appréciable sur le trafic, on aurait pu même l'établir seulement à titre provisoire jusqu'à vérification des résultats attendus sur le trafic-voyageurs.

Mais une telle combinaison devait se heurter à l'opinion préconçue du public, à des réclamations et si rationnelle qu'elle fût, si avantageuse au fond pour l'intérêt général, elle avait peu de chance d'aboutir. Il faut donc chercher d'autres voies pour arriver à une solution satisfaisante de la question mal posée aujourd'hui du trafic des voyageurs.

RICHARD BLOCH.

APPENDICE

Les transformations récentes de la Tarification des chemins de fer allemands.

La Tarification de leurs chemins de fer est un élément important de l'Economie des divers pays. Aussi est-il intéressant d'en suivre les évolutions.

A cet égard, celles des tarifs ferroviaires allemands, dans les dernières années, appellent spécialement l'attention, tant à cause des idées qui ont présidé à ces évolutions, qu'à cause des confirmations nouvelles qu'on va trouver, de l'insensibilité du trafic-marchandises aux variations des prix de transport et, au contraire, de l'hypersensibilité, si on peut dire, du trafic-voyageurs.

MARCHANDISES

Anciens tarifs. Après la guerre de 1870-71 et la création de l'empire allemand, pour unifier dans la mesure du possible, les réseaux particuliers des divers Etats, on imagina d'appliquer à tous les réseaux un système uniforme de tarifs kilométriques, qualifié de système naturel.

Partant de ce principe que les prix de revient des transports diffèrent peu, en réalité, suivant les natures des marchandises, on constitua essentiellement ce système avec trois barèmes généraux de prix, applicables à l'ensemble des marchandises, respectivement pour les envois de détail et pour les chargements de 5 et de 10 tonnes par wagon.

On fit seulement la concession de trois barèmes de prix spéciaux plus réduits pour les transports par chargement de 10 tonnes par wagon, d'un certain nombre de marchandises partagées en trois classes.

Les taux kilométriques de ces six barèmes étaient rigoureusement uniformes, quelle que fût la distance.

Ce système si limité avait d'ailleurs été complété successivement par un nombre considérable de tarifs exceptionnels.

Anomalies de ces tarifs anciens.

Cette Tarification *naturelle* avait toutefois un sérieux inconvénient : Si l'esprit peut être satisfait par une égalité des taxes correspondant à celle des prix de revient, il n'en est pas moins vrai qu'au point de vue commercial, il était anormal d'appliquer ainsi à des marchandises de valeurs différentes, les mêmes taxes qui pesaient alors plus lourdement sur les produits de la moindre valeur.

Nouveaux tarifs généraux de 1920.

Ces anomalies contribuèrent sans doute à amener en 1920 le remplacement de cette Tarification générale si étroite par une tarification nouvelle qui, au moins pour les chargements d'au moins 5.000 kg., comportait un classement des marchandises d'après leur valeur.

On appliqua ainsi :

Deux barèmes généraux aux envois de détail de toutes marchandises partagées seulement en deux séries.

Six barèmes généraux aux chargements d'au moins 15 T par wagon des marchandises classées en six séries A. B. C. D. E. F.

Les prix applicables aux chargements de 5 T et de 10 T étaient déduits des précédents par l'application de coefficient plus élevés naturellement pour les envois de 5 T. et qui croissaient logiquement avec le rang du barème par exemple pour les chargements de 10 T, de 7,5 °/₀ pour la classe A, jusqu'à 25 °/₀ pour la classe F.

Le classement des marchandises entre ces séries plaçait les produits finis et les demi-finis dans les trois séries supérieures A. B. et C., les deux dernières E et F. recevaient particulièrement les matières premières.

Nouveaux barèmes des prix kilomètriques.

D'autre part, un changement considérable était effectué dans la structure des barèmes où l'ancien taux kilométrique uniforme était remplacé par des bases kilométriques décroissant avec la distance.

D'ailleurs, pour compenser les pertes qui devaient résulter de cet aplatissement des barèmes aux distances supérieures, on avait relevé au-dessus de l'ancien taux uniforme les bases kilométriques des petites distances pour les 3 classes A. B. C.

Révision de ces tarifs en 1927.

Bien entendu, ce relèvement « compensateur » fit l'objet de vives réclamations des expéditeurs de marchandises de ces trois classes. Pour répondre aux plaintes diverses que soulevait d'autre part la nouvelle Tarification, une commission d'examen fut constituée qui aboutit finalement en 1927 à un certain nombre de modifications dont voici les principales pour la Tarification générale.

— Suppression des relèvements aux petites distances pour les trois classes A B et C.

— Création d'une 7e classe D, entre D et E, pour diminuer l'intervalle jugé excessif entre ces deux séries et faciliter les déclassements d'un certain nombre d'articles.

— Réduction de 3 à 5 °/₀ des anciens taux des majorations appliquées aux prix des chargements de 15 tonnes pour former les taxes des chargements de 10 tonnes, rien n'étant modifié pour les envois de 5 tonnes.

— Abaissements pour les parcours inférieurs à 100 kilomètres des taxes d'expédition ou terminales antérieurement uniformes pour les envois à toutes distances.

Par exemple pour la classe A, l'ancienne taxe de 20 pf. par 100 kgs. restant applicable à partir de 100 kilomètres était remplacée au-dessous de cette distance par des prix plus réduits croissant à partir de la taxe de 12 pf. applicable jusqu'à 30 kilomètres.

Pour la classe O, la taxe uniforme 14 pf. était remplacée par un prix de 11 pf. jusqu'à 80 kilomètres progressant ensuite jusqu'à 14 pf. à 100 kilomètres, etc... etc...

Ces réductions de taxes pour les transports des marchandises de valeur aux petites distances étaient intéressantes ; il est permis de penser que le souci croissant de la concurrence automobile n'aura pas été étranger à leur concession.

A la Tarification générale ainsi constituée s'ajoutaient de nombreux tarifs exceptionnels motivés par des raisons analogues à celles qui les motivent en France : soutiens des industries et des commerces, surtout pour leurs exportations ; défense du trafic de transit contre la concurrence des voies étrangères ; concurrence d'autres moyens de transport, etc...

Majoration de 11 °/₀ le 1er octobre 1928. Ses résultats.

C'est à cet ensemble qu'est venue s'appliquer le 1er octobre 1928, une majoration générale que la Reichsbahn avait demandé de fixer à 10 °/₀ et qui fut portée à 11 °/₀ en compensation de l'exonération de certains trafics, trafics de concurrence, d'exportation, de transit, quelques trafics de denrées alimentaires.

Il est particulièrement intéressant de noter ici qu'en Allemagne, comme on l'a vu en France, cette majoration n'a fait aucune impression sur le trafic.

C'est ce que constate le passage suivant (p. 55) du rapport du 28 juin 1929 de M. G. Leverve, commissaire de la Reichsbahn :

« *L'augmentation des tarifs marchandises s'est révélée opportune* « *et nécessaire, elle a permis à la compagnie de traverser une période* « *de dépression du trafic (l'hiver très rigoureux de 1928/29) sans* « *que la situation financière soit trop ébranlée. D'autre part elle ne* « *semble pas avoir eu une influence fâcheuse sur l'évolution du trafic* « *qui, après la dépression des mois d'hiver provoquée par des causes* « *indépendantes du relèvement des tarifs, se développe maintenant* « *d'une manière favorable* ».

Ce résultat avait d'ailleurs été prévu dans le rapport précédent du 2 décembre 1928.

Pour les chemins de fer français, on avait montré antérieurement que les prix de transport ferroviaires et surtout leurs variations possibles comptent pour peu dans la valeur des produits ; on en avait déduit que ces variations ne peuvent impressionner le trafic dans une mesure appréciable.

M. G. Leverve, appliquant cette théorie aux chiffres de l'Economie allemande, en vint, après discussion, à une conclusion analogue formulée dans les termes suivants : « *Il semble peu vraisemblable, en* « *définitive, qu'une augmentation de l'ordre de quelques millièmes* « *puisse, comme on l'a craint, contribuer d'une manière sensible à* « *l'accroissement du prix de la vie ou au resserrement de l'activité* « *économique* ».

On vient de voir comment en Allemagne ainsi qu'en France les faits ont confirmé pleinement cette prévision.

Tarifs exceptionnels quelques exemples. Cette Tarification générale de 1920-1927, quoique bien plus souple que l'ancienne, ne peut évidemment satisfaire à tous les besoins si variés du commerce, de l'industrie, de l'agriculture, à ceux des chemins de fer eux-mêmes, d'où la nécessité permanente de créer sans cesse des tarifs exceptionnels.

Il n'entre pas dans le cadre de cet appendice d'examiner dans le détail les multiples formes de ces tarifs spéciaux, il semble toutefois intéressant de montrer comment, en dépit de la tourmente de 1914/18, malgré les perturbations si profondes survenues dans la structure de l'Europe Centrale, les vieilles questions économiques reparaissent avec la même acuité.

Concurrence de Trieste et de Hambourg. Telle, par exemple, l'ancienne lutte de concurrence entre les ports de Hambourg et de Trieste pour le trafic de l'Europe Centrale avec les pays d'outre-mer, surtout ceux du Proche-Orient. C'est pour ce trafic qu'autrefois les chemins de fer allemands établirent de concert avec une Cie maritime la « Levante Linie » un tarif combiné qui fit en France quelque bruit. Certains voulurent, en effet, trouver dans ce seul et modeste tarif fer et mer, la clef de toute la prospérité commerciale allemande.

Le partage du trafic entre les deux ports, si difficile autrefois, quand la compétition s'exerçait seulement entre deux pays, l'Autriche-Hongrie et l'Allemagne, est devenue presque inextricable, maintenant qu'il faut concilier l'Italie, la Yougoslavie, l'Autriche, la Tchéco-Slovaquie, l'Allemagne, que le trafic disputé doit franchir au moins quatre frontières terrestres, c'est-à-dire quatre lignes de douanes.

Après un nombre considérable de conférences, on aurait cependant abouti en juillet 1928 à la création d'une ligne de partage.

Concurrence des charbons allemands et des charbons anglais. La concurrence est plus active que jamais entre les charbons allemands, notamment ceux de la Ruhr, et les charbons anglais importés dans les ports du littoral et refluant de ces ports sur l'intérieur par les rivières navigables et par les chemins de fer.

Les gouvernements des deux pays sont intervenus dans la lutte.

En Angleterre, les chemins de fer ont été dégrevés de certains impôts, à condition de faire bénéficier de ces dégrèvements quelques trafics désignés, surtout les exportations de combustibles minéraux.

En Allemagne, la majoration de 11 °/₀ applicable depuis le 1er octobre 1928 a été écartée pour les tarifs dits de concurrence, quand ils sont subordonnés à la livraison d'un tonnage déterminé. Tel est le cas du tarif exceptionnel pour le transport des houilles de la Ruhr sur la zone littorale à la rencontre des combustibles anglais. Le prix de 8,20 M. R. est subordonné à un minimum de tonnage annuel de 355.000 T. Si ce minimum n'est pas atteint, les expéditeurs doivent verser à la Reichsbahn une pénalité de 2, 37 R. M. par tonne manquante.

Concurrence de la navigation intérieure.

On voit de même reparaître les anciennes plaintes de la navigation intérieure contre la concurrence des chemins de fer, mais avec une acuité plus grande due aux conditions nouvelles de l'exploitation du réseau allemand.

Dans le régime ancien, ces plaintes étaient déjà vives contre les abaissements de prix aux grandes distances que le chemin de fer pratiquait occasionnellement dans ses tarifs exceptionnels. Avec les nouveaux tarifs cet aplatissement des barèmes pour les moyens et grands parcours, est devenu la règle avec le tarif général lui-même,

Autrefois encore, le particularisme des réseaux des anciens Etats les poussait à faciliter à l'occasion le trafic de la batellerie dans le but d'attirer sur leurs lignes les transports des réseaux voisins; c'était, en particulier, le cas des transbordements de Mannheim.

Aujourd'hui ces particularismes ont disparu ; les chemins de fer du Reich forment une seule Compagnie qui exploite sous le signe commercial avec un souci de son budget et par conséquent de son trafic qui l'empêche de considérer avec la même indifférence les concurrences qui menacent ses transports.

L'extrait ci-joint d'une notice très complète sur le port de Strasbourg parue dans l'*Information financière* du 10 septembre 1929, montre sous quel angle la navigation intérieure voit, aujourd'hui, la situation :

« *Avant la guerre, les Etats secondaires allemands, Hesse, Prusse* « *rhénane, Bade, Bavière, avaient une certaine influence sur les chemins* « *de fer de leurs territoires ; ils en usaient pour faire respecter les*

« droits de la navigation rhénane où ils avaient engagé des capitaux « importants pour l'aménagement des ports notamment. Maintenant la « Société des chemins de fer allemands agit en pleine indépendance « et elle fait une concurrence acharnée à la navigation rhénane. »

Ce qui n'empêche pas d'ailleurs, et cela montre l'exagération de ces plaintes, que le trafic du port de Strasbourg a progressé dans la mesure considérable que montre le tableau suivant :

1913	1.000.989 tonnes
1919	1.054.586 —
1925	2.531.597 —
1926	3.411.210 —
1927	4.313.168 —

etc... etc... etc...

VOYAGEURS

Les tarifs applicables aux transports des voyageurs ont été l'objet de la part de la Reichsbahn d'une réforme profonde et originale dont on peut suivre l'évolution dans les rapports du Commissaire des chemins de fer allemands.

Tarification ancienne.

Outre les trois classes 1e 2e 3e de voyageurs qu'on rencontre sur presque tous les réseaux européens, les chemins de fer allemands avaient une 4e classe qui, dans le principe, avait été affectée aux voyageurs debout ou sommairement assis, mais dont progressivement le confort avait été amélioré, en même temps qu'elle était admise dans certains trains directs.

Relèvement de 10 °/ₒ à partir du 1er mai 1925.

Après diverses fluctuations dans les tarifs, le 1er mai 1925 on était arrivé pour les voyageurs normaux aux majorations suivantes par rapport aux prix de 1913, majorations comprenant un relèvement de 10 °/ₒ appliqué aux tarifs-voyageurs à partir de cette date :

1re classe	38 %
2e —	59 %
3e —	62 %
4e —	65 %

Bien que le mouvement des voyageurs ait repris sa marche progressive dans les années suivantes 1927 et 1928, ne doit-on pas attribuer à ce relèvement de 10 °/ₒ des tarifs de transport :

1° Le fléchissement brusque de 7,7 °/₀ constaté sur la recette de 1926 par rapport à celle de 1925.

2° La diminution du nombre des voyageurs tombé de 1.445 millions en 1925 à 1.254 millions, soit de 13,22 °/₀ en 1926.

3° Les déclassements importants que montre le tableau suivant, où, pour la période de janvier à août des années 1925, 1926, 1927 et 1928, sont comparées les parts proportionnelles des quatre classes dans l'ensemble du mouvement des voyageurs.

CLASSES	1925 %	1926 %	1927 %	1928 %
1re	0.34	0.40	0.45	0.34
2e	7.52	6.59	6.20	5.64
3e	34.55	33.99	32.13	30.49
4e	57.59	59.02	61.22	63.53

Réforme du 1er août 1928. Sous l'impression de ces déclassements continuels, de l'extension excessive des 4mes classes, dans le but enfin d'améliorer ses recettes, la Reichsbahn fit approuver, pour être mise en application le 1er octobre 1928, une réforme très originale comprenant essentiellement :

La suppression des 1res classes, sauf pour les trains internationaux et quelques grands express.

La fusion des trois autres classes en deux classes, soit : une classe *capitonnée* analogue à l'ancienne 2me classe et une classe *non capitonnée* dite communément *classe bois* qui réunit les 3me et 4me classes.

Le tableau suivant compare pour les quatre classes anciennes et les trois nouvelles, les prix kilométriques, impôt compris :

CLASSES	Proportions des nombres de voyageurs	Prix kilométriques anciens	Prix kilométriques nouveaux	Différences %
		en pfennigs		
1re	0.34	10.8	11.2	+ 3.57
2e	5.64	7.5	5.6	— 25.3
3e	30.49	5.00	3.7	— 26
4e	63.53	3.3	3.7	+ 12

La 1re classe n'ayant plus qu'un caractère exceptionnel, on voit qu'en définitive c'est là 4e classe avec son augmentation de 12 °/₀ qui fait les frais de l'opération globale. Mais pour cette 4e classe le relèvement de la taxe kilométrique (0 pf 4) est bien faible en regard des abaissements qui frappent la 2e classe (1 pf 9) et la 3e (1 pf 3). D'autre part, le parcours moyen doit être plus réduit pour les voyageurs de 4e classe.

Dans ces conditions, la réforme proprement dite de la Tarification des voyageurs, telle qu'elle ressort du tableau ci-dessus, devrait se traduire par un déficit.

Pour couvrir ce déficit et trouver en sus les 50 millions de R. M. qu'on attendait de cette réforme, il aura fallu tabler sur un certain reclassement des voyageurs de 3e en 2e classe, sur la nouvelle réglementation des surtaxes en trains de vitesse, et peut-être, sur les économies d'exploitation à provenir des plus grandes facilités de triage et de composition des trains, d'une meilleure utilisation des voitures, sur la réduction aussi des dépenses d'entretien et de renouvellement d'un matériel réduit à deux types au lieu de quatre.

Premiers résultats. Le rapport du 28 juin 1929 ne donne encore que des résultats très incomplets de cette grande opération. Tels qu'ils sont, cependant, ils semblent bien montrer que sur cette diminution des prix de transport, la réaction se produit bien dans le sens qu'on devait prévoir.

Pour les trois derniers mois (période d'hiver, de faible mouvement) le nombre des voyageurs est passé de 453, 7 millions en 1927 à 460 millions en 1928, en augmentation de 1,4 °/₀.

La proportion du nombre des voyageurs de 2e classe s'est accrue dans une mesure très sensible, de 4.47 °/₀ à 7.85 °/₀, tandis que le nombre des voyageurs des 3e et 4e (ancienne) classes est descendu, au contraire, de 95, 49 à 92. 12 °/₀ ; 11 °/₀ du nombre des voyageurs de l'ancienne 3e classe seraient ainsi passés ou revenus à la 2e.

R. B.

Vannes. — Imp. Lafolye et J. de Lamarzelle. 239-29.

BECQ. — **Cours élémentaire d'électricité théorique et industrielle.**

LIVRE I. — Electricité théorique. Machines électriques (15e édition, 361 pages, 167 figures). Prix. 30 fr.

LIVRE II. — Applications industrielles de l'électricité (17e édition, 288 pages, 119 figures et 18 planches hors texte). Prix. 30 fr.

ILIOVICI. — **Cours moyen d'électricité industrielle.**

LIVRE I. — Electricité théorique. Dynamos et moteurs à courant continu (11e édition, 286 pages, 311 figures). Prix. 30 fr.

LIVRE II. — Dynamos et moteurs à courants alternatifs. Transformateurs. Applications industrielles de l'électricité (10e édition, 241 pages, 167 figures). Prix. 30 fr.

— **Cours supérieur d'électrotechnique.**

LIVRE I. — Lois générales de l'électricité et du magnétisme (482 pages, 348 figures). Prix. 45 fr.

LIVRE II. — Étude des dynamos à courant continu (800 pages, 259 figures et 23 planches hors texte). Prix. 55 fr.

LIVRE III. — Étude générale des courants alternatifs. Transformateurs (442 pages, 208 fig. et 9 pl. hors texte)*. Prix. 35 fr.

LIVRE IV. — Générateurs et moteurs à courants alternatifs. Commutatrices (368 pages, 160 fig. et 12 pl. hors texte)*. Prix 30 fr.

EUG. VIGNERON. — **Cours de mesures électriques et essais de machines.**

LIVRE I. — Essais de laboratoire. Description des méthodes et des appareils (5e édition, 551 pages, 416 figures). Prix. 40 fr.

LIVRE II. — Essais de machines (613 pages, 312 figures). Prix. 50 fr.

RENÉ MARTIN. — **Traction électrique** (2e édition, 872 pages, 595 figures et 55 planches hors texte). Prix. 80 fr.

MÉTALLURGIE. FABRICATIONS MÉCANIQUES. EXPLOITATION DES MINES

GÉNÉRAL GAGES. — **Cours de Métallurgie** (2e édition).

LIVRE I. — La fonte (354 pages, 115 figures). Prix. 35 fr.

LIVRE II. — Elaboration des fers et des aciers (351 pages, 126 figures). Prix. 35 fr.

LIVRE III. — Travail du fer et de l'acier (431 pages, 389 figures). Prix. 40 fr.

LIVRE IV. — Essais mécaniques des fers et des aciers (320 pages, 157 figures). Prix. 35 fr.

LIVRE V. — Métallurgie des alliages métalliques et des métaux autres que le fer (432 pages, 128 figures). Prix. 40 fr.

Les 5 volumes ensemble : Prix. 165 fr.

— **Cours de machines-outils.**

LIVRE I. — La machine. L'outil et les mécanismes (484 pages, 506 figures). Prix. 55 fr.

LIVRE II. — Etude de détail des différents types de machines (664 pages, 771 figures). Prix. 65 fr.

— **Cours d'organisation des fabrications mécaniques.**

LIVRE I. — Services de préparation (outillage, précision, machines) 480 pages, 401 figures. Prix. 55 fr.

LIVRE II. — Montage et exécution des fabrications mécaniques (498 pages, 300 figures). Prix. 55 fr.

GÉNÉRAL GAGES. — **Standardisation** (319 pages, 300 figures). Prix. 35 fr.

GRUNER. — **Cours d'exploitation des Mines** (3e édition).

LIVRE I. — Préliminaires. Recherches et Sondages. Abatage (420 pages, 282 figures). Prix. 40 fr.

LIVRE II. — Soutènement des chantiers et galeries. Fonçage et soutènement des puits (362 pages, 247 figures.) Prix. 35 fr.

LIVRE III. — Méthodes d'exploitation en carrière et souterraine (330 pages, 201 figures). Prix. 35 fr.

LIVRE IV. — Transports souterrains. Extraction (806 pages, 160 figures). Prix. 35 fr.

LIVRE V. — Epuisements. Aérage et éclairage (343 pages, 170 figures). Prix. 35 fr.

LIVRE VI. — Accidents et Hygiène. Installations à la surface. Statistiques. Règlements (1 vol. de 368 pages, 104 figures) Prix. 40 fr.

Les 6 volumes ensemble : Prix. 200 fr.

HYDRAULIQUE ET FORCES HYDRAULIQUES. HOUILLE BLANCHE

CAUVIN-LÉVY-SALVADOR. — **Distributions d'eau. Egouts** (8e édition, 464 pages, 304 figures, 16 planches). Prix. 60 fr.

DIÉNERT. — **Epuration des eaux et assainissement des cours d'eau** (2e édition, 391 pages, 66 figures, 3 planches). Prix. 35 fr.

DEGOVE. — **Utilisation des forces hydrauliques** (3e édition, 303 pages, 86 fig. et 28 pl. hors texte). Prix 50 fr.

BONNET. — **Cours de barrages** (2e édition, 635 pages, 346 figures et 2 planches). Prix. 50 fr.

DEGOVE. — **Les grands barrages en maçonnerie aux Etats-Unis** (1 volume in-4° tellière 21 × 31 de 95 pages et 46 planches hors texte). Prix. 35 fr.

TRAVAUX MARITIMES

BÉNÉZIT. — **Cours de Ports et travaux maritimes*** (6e édition).

LIVRE I. — Notions générales. Outillage et exploitation. Etude du plan d'un port (342 pages, 180 figures dont 10 planches hors texte). Prix. 35 fr.

LIVRE II. — Ouvrages des ports (388 pages, 236 figures). Prix. 35 fr.

LIVRE III. — Côtes. Fleuves et Canaux maritimes. Outillage. Administration (307 pages, 174 figures). Prix. 35 fr.

HAELLING. — **Le Rhin politique, économique, commercial** (296 pages, 3 figures et 11 cartes en hors texte). Prix. 30 fr.

TOPOGRAPHIE

PRÉVOT-QUANON. — Topométrie (20e édition, 436 pages, 147 figures). Prix. [illegible] fr.

CHOLESKY. — Topographie générale (5e édition, 594 pages, 100 figures, 10 planches). Prix. 40 fr.

DOUAT. — Opérations souterraines (9e édition, 50 pages, 39 figures). Prix. 8 fr.

PRÉVOT. — Cours de tachéométrie (5e édition, 192 pages, 124 figures, 2 planches). Prix. 35 fr.

QUANON. — Dessin des plans (17e édition, 96 pages, 33 figures, 11 planches hors texte. Prix. 18 fr.

PRÉVOT. — Étude critique des instruments et des procédés topométriques (91 pages, 25 figures). Prix. 18 fr.

RENÉ DANGER. — Cours de topométrie urbaine. Lever des plans de ville (1 volume in-f° tellière 21 × 31 de 216 pages, 63 figures et 25 graphiques). Prix. 70 fr.

PH. JARRE. — Cours de Géodésie (2e édit., 1 vol. in-f° tellière 21 × 31 de 118 pages, 44 figures). Prix. 5 fr.

— La Tachéométrie de précision (*Méthode J.-L. Sanguet*). Traité théorique et pratique concernant le lever des plans exécutés au moyen du tachéomètre autoréducteur Sanguet, (250 pages, 75 figures, 11 tableaux et 5 planches hors texte). Prix. 40 fr.

JOYANT. — Traité d'Urbanisme (2 volumes in-f° tellière 21 × 31).

1er volume (198 pages et 316 figures sur 99 planches hors texte). Prix. 70 fr.

2e volume. Étude des plans de ville (112 pages et 81 planches hors texte). Prix. 75 fr.

TRAVAUX PUBLICS EN GÉNÉRAL

EYROLLES-LUDINART. — Cours moyen de pratique des travaux.

1re PARTIE. Matériaux de construction (20e édition, 147 pages, 35 figures). Prix. 22 fr.

2e PARTIE. Préparation et mise en œuvre des matériaux (20e édition, 158 pages, 308 figures). Prix. 22 fr.

3e PARTIE. Procédés généraux de construction (20e édition, 258 pages, 296 figures). Prix. 25 fr.

4e PARTIE. Outillage général des chantiers de travaux publics (8e édition, 230 pages, 183 figures, 20 planches). Prix. 25 fr.

ANSTETT. — Cours d'essai et analyse des matériaux de construction (2e édit., 434 p., 160 fig.). Prix. 50 fr.

BENEZRCH. — Organisation générale d'une entreprise de Travaux publics (8e édition, 320 pages, 14 figures et 5 planches). Prix. 30 fr.

GRENÉ-MALAVAL. — Cours de matériel [illegible] prises de travaux publics et installations de chantiers.

LIVRE I. — Outillage général (367 pages, 362 [illegible]). Prix. [illegible]

LIVRE II. — Gros outillage (322 pages, [illegible] figures, 29 planches. Prix. [illegible]

LIVRE III. — Installation de chantiers (en [illegible]).

CHEMINS DE FER

DAUTRY-GERVET. — Cours de chemins de fer.

1re PARTIE. — Études et travaux d'infrastructure (12e édition, 126 pages, 65 figures et 3 planches). Prix. [illegible]

2e PARTIE. — Matériel fixe de la voie (12e édition, 202 pages, 175 figures, 1 planche). Prix. [illegible]

3e PARTIE. — Superstructure et entretien de la voie et des bâtiments (12e édition, 198 pages, 27 figures, [illegible] planches). Prix. [illegible]

4e PARTIE. — Matériel roulant et traction des trains (10e édition, 157 pages, 86 figures, 7 planches). Prix. [illegible]

5e PARTIE. Exploitation technique (10e édition, 159 pages, 39 figures). Prix. [illegible]

LEBOUCQ. — 6e PARTIE. — Exploitation commerciale (6e édition, 280 pages). Prix. [illegible]

ALBERT DUFOUR. — Cours de chemins de fer. Pratique des études et de la construction plus spécialement aux colonies et en pays neufs (format 22 × 34).

Le volume texte de 392 pages, 270 figures.
Atlas n° 1 : 48 tableaux, 48 planches.
Atlas n° 2 : 154 planches. Prix cartonné [illegible]

RICHARD BLOCH. — Questions de chemins de fer. Études commerciales (108 pages, 9 figures). Prix. [illegible]

ALLEGRET. — Notice sur les enclenchements (3e édition, 81 pages, 22 figures, 13 planches). Prix. [illegible]

LÉVY-LAMBERT. — Chemins de fer à crémaillère, funiculaires et transports aériens (125 pages, 86 figures). Prix. 18 fr.

DROIT. LÉGISLATION

GEORGIN. — Notions élémentaires de droit civil (2e édition, 660 pages). Prix. [illegible]

MASSÉ-BOVIER-LAPIERRE. — Législation du travail et prévoyance sociale ([illegible] édition, 477 pages). Prix. [illegible]

GEORGIN. — Cours de droit administratif.

LIVRE I. — Organisation générale des services publics (13e édition, 169 pages). Prix. [illegible]

LIVRE II. — Fonctionnement de quelques services publics (14e édition, 228 pages). Prix. 22 fr.

Annexe de 130 pages. Prix. 10 fr.

— Commentaires des clauses et conditions générales imposées aux entrepreneurs (13e édition, 228 pages). Prix. 22 fr.

DANIEL-MASSÉ. — Droit commercial et introduction à la pratique des affaires (218 pages). Prix. 22 fr.

13399. — Coulommiers. Imp. PAUL BRODARD. — 12-29.

TOPOGRAPHIE

PRÉVOT-QUANON. — **Topométrie** (20e édition, 436 pages, 147 figures).
Prix. [illegible] fr.

CHOLESKY. — **Topographie générale** (5e édition, 594 pages, 106 figures, 10 planches).
Prix. 40 fr.

DOUAT. — **Opérations souterraines** (9e édition, 50 pages, 39 figures).
Prix. 8 fr.

PRÉVOT. — **Cours de tachéométrie** (5e édition, 192 pages, 124 figures, 2 planches).
Prix. 35 fr.

QUANON. — **Dessin des plans** (17e édition, 96 pages, 33 figures, 11 planches hors texte.
Prix. 18 fr.

PRÉVOT. — **Étude critique des instruments et des procédés topométriques** (91 pages, 25 figures).
Prix. 18 fr.

RENÉ DANGER. — **Cours de topométrie urbaine.** Lever des plans de ville (1 volume in-f° tellière 21 × 31 de 216 pages, 63 figures et 25 graphiques).
Prix. 70 fr.

PH. JARRE. — **Cours de Géodésie** (2e édit., 1 vol. in-f° tellière 21 × 31 de 118 pages, 44 figures).
Prix. 5 fr.

— **La Tachéométrie de précision** (*Méthode J.-L. Sanguet*). Traité théorique et pratique concernant le lever des plans exécutés au moyen du tachéomètre autoréducteur Sanguet, (250 pages, 75 figures, 11 tableaux et 5 planches hors texte).
Prix. 40 fr.

JUYANT. — **Traité d'Urbanisme** (2 volumes in-f° tellière 21 × 31).

1er volume (198 pages et 316 figures sur 99 planches hors texte). Prix. 70 fr.

2e volume. Étude des plans de ville (112 pages et 81 planches hors texte). Prix. 7[illegible] fr.

TRAVAUX PUBLICS EN GÉNÉRAL

EYROLLES-LUDINART. — **Cours moyen de pratique des travaux.**

1re PARTIE. Matériaux de construction (20e édition, 147 pages, 95 figures). Prix. [illegible] fr.

2e PARTIE. Préparation et mise en œuvre des matériaux (20e édition, 153 pages, 308 figures). Prix. 22 fr.

3e PARTIE. Procédés généraux de construction (20e édition, 258 pages, 296 figures). Prix. 25 fr.

4e PARTIE. Outillage général des chantiers de travaux publics (8e édition, 230 pages, 183 figures, 20 planches). Prix. 25 fr.

ANSTETT. — **Cours d'essai et analyse des matériaux de construction** (2e édit., 434 p., 160 fig.).
Prix. 50 fr.

BENEZECH. — **Organisation générale d'une entreprise de Travaux publics** (8e édition, 320 pages, 14 figures et 3 planches).
Prix. 30 fr.

GRENÉ-MALAVAL. — **Cours de matériel d'entreprises de travaux publics et installations de chantiers.**

LIVRE I. — Outillage général (367 pages, 362 figures). Prix. [illegible] fr.

LIVRE II. — Gros outillage (322 pages, [illegible] figures et 29 planches. Prix. [illegible] fr.

LIVRE III. — Installation de chantiers (*en impression*).

CHEMINS DE FER

DAUTRY-GERVET. — **Cours de chemins de fer.**

1re PARTIE. — Études et travaux d'infrastructure (12e édition, 126 pages, 65 figures et 5 planches). Prix. 15 fr.

2e PARTIE. — Matériel fixe de la voie (13e édition, 202 pages, 175 figures, 1 planche). Prix. [illegible] fr.

3e PARTIE. — Superstructure et entretien de la voie et des bâtiments (12e édition, 198 pages, 97 figures, [illegible] planches). Prix. [illegible] fr.

4e PARTIE. — Matériel roulant et traction des trains (10e édition, 177 pages, 86 figures, 7 planches). Prix. [illegible] fr.

5e PARTIE. Exploitation technique (10e édition, 159 pages, 39 figures). Prix. 18 fr.

LEBOUCQ. — 6e PARTIE. — Exploitation commerciale (6e édition, 280 pages). Prix. 36 fr.

ALBERT DUFOUR. — **Cours de chemins de fer.** Pratique des études et de la construction plus spécialement aux colonies et en pays neufs (format 22 × 34).

Le volume texte de 392 pages, 270 figures.
Atlas n° 1 : 48 tableaux, 43 planches.
Atlas n° 2 : 154 planches. Prix cartonné. 185 fr.

RICHARD BLOCH. — **Questions de chemins de fer. Études commerciales** (208 pages, 9 figures).
Prix. [illegible] fr.

ALLEGRET. — **Notice sur les enclenchements** (3e édition, 81 pages, 22 figures, 13 planches).
Prix. 10 fr.

LÉVY-LAMBERT. — **Chemins de fer à crémaillère, funiculaires et transports aériens** (125 pages, 86 figures).
Prix. 15 fr.

DROIT, LÉGISLATION

GEORGIN. — **Notions élémentaires de droit civil** (2e édition, 660 pages).
Prix. 40 fr.

MASSÉ-BOVIER-LAPIERRE. — **Législation du travail et prévoyance sociale** (9e édition, 477 pages).
Prix. [illegible] fr.

GEORGIN. — **Cours de droit administratif.**

LIVRE I. — Organisation générale des services publics (13e édition, 169 pages). Prix. [illegible] fr.

LIVRE II. — Fonctionnement de quelques services publics (14e édition, 228 pages). Prix. 22 fr.

Annexe de 130 pages. Prix. 10 fr.

— **Commentaires des clauses et conditions générales imposées aux entrepreneurs** (13e édition, 228 pages).
Prix. 22 fr.

DANIEL MASSÉ. — **Droit commercial et introduction à la pratique des affaires** (218 pages).
Prix. 25 fr.

13399. — Coulommiers. Imp. PAUL BRODARD. — 12-29.

www.ingramcontent.com/pod-product-compliance
Ingram Content Group UK Ltd.
Pitfield, Milton Keynes, MK11 3LW, UK
UKHW021629260726
13994UKWH00003B/1144

9 782329 037448